“十三五”江苏省高等学校重点教材

编号：2019-2-282

U0812656

仓储与配送实务

主　编◎黄晓娟　薄　斌　蒯晓蕾

副主编◎孙慧霞　顾　晔

参　编◎钱　珏　赵晓君　徐静宜

张　涌　颜　曦　赵佳燕

中国轻工业出版社

图书在版编目（CIP）数据

仓储与配送实务 / 黄晓娟，薄斌，蒯晓蕾主编. —
北京：中国轻工业出版社，2024.1
“十三五”江苏省高等学校重点教材
ISBN 978-7-5184-4223-2

Ⅰ. ①仓… Ⅱ. ①黄… ②薄… ③蒯… Ⅲ. ①仓库管理—高等学校—教材 ②物流—配送中心—企业管理—高等学校—教材 Ⅳ. ①F253

中国版本图书馆CIP数据核字（2022）第255559号

责任编辑：张文佳　　　责任终审：李建华
整体设计：锋尚设计　　责任校对：晋　洁　　责任监印：张　可

出版发行：中国轻工业出版社（北京鲁谷东街5号，邮编：100040）
印　　刷：三河市国英印务有限公司
经　　销：各地新华书店
版　　次：2024年1月第1版第1次印刷
开　　本：787 × 1092　1/16　印张：10.5
字　　数：250千字
书　　号：ISBN 978-7-5184-4223-2　定价：48.00元
邮购电话：010-85119873
发行电话：010-85119832　010-85119912
网　　址：http://www.chlip.com.cn
Email：club@chlip.com.cn
如发现图书残缺请与我社邮购联系调换
201241J2X101ZBW

前言

随着自动化、信息化、智能化与大数据时代的到来，为支撑“双循环”战略与“一带一路”等倡议的实施，作为专业人员必须掌握自动化仓储与智能配送的基本运作模式与方法，按照用户的需求，有效、合理地开展物流仓储与配送活动，不断提高物流服务水平与物流仓储与配送效率，降低物流仓储与配送成本，是物流企业特别是物流仓储与配送企业从业人员必须具备的重要职业技能。为了使广大高职院校相关专业的学生能够学会仓储与配送相关知识，强化学生的实际操作能力和动手能力，更好地适应企业对于仓储与配送管理人才的需求，培养既具有知识的系统性又具有较强操作性的应用型人才，在这样的大背景下，我们组织编写了本教材。

本教材是“十三五”江苏省高等学校重点教材。全书共包含4个项目，以仓储和配送作业的主要业务流程为基础，精选和提炼学习内容，主要内容包括仓储配送中心规划与设计、仓储作业管理与实务、配送作业管理与实务及成本与绩效管理，并在此基础上结合企业实际案例添加了行企直通车内容，理论联系实际，注重实际应用，突出实操性，以提升学习者的实践技能。本书不仅适合现代物流管理、物流工程、连锁经营管理等专业及相近专业选用，也可作为各类成人教育及企业培训教材，供从事仓储配送的相关工作人员参考。

本书由黄晓娟、薄斌、蒯晓蕾担任主编，孙慧霞、顾晔担任副主编，钱珏、赵晓君、徐静宜、张涌、颜曦、赵佳燕参编，本书在编写过程中，参考借鉴了大量的相关书籍和网络资源，并引用了有关概念和论点以及研究成果，在此对所有被引用资料的作者们表示衷心的感谢！由于编者水平有限，书中难免有疏漏和不足之处，恳请专家学者和读者斧正！

编者

目录

项目一 仓储配送中心规划与设计 1

任务一 认识仓储技术与设备 …… 1
任务二 认识配送技术与设备 …… 16
任务三 配送中心规划 …… 18
任务四 单项技能实训 …… 22
行企直通车 …… 24
项目测试 …… 32

项目二 仓储作业管理与实务 35

任务一 仓储作业实务 …… 35
任务二 库存管理 …… 53
任务三 单项技能实训 …… 65
行企直通车 …… 66
项目测试 …… 76

项目三 配送作业管理与实务 79

任务一 配送作业实务 …… 79
任务二 配送作业优化 …… 94
任务三 配送管理 …… 115
任务四 单项技能实训 …… 121
行企直通车 …… 122
项目测试 …… 131

项目四 成本与绩效管理 133

任务一 仓储配送成本核算 …… 133
任务二 仓储配送成本控制 …… 141
任务三 绩效管理 …… 146
任务四 单项技能实训 …… 152
行企直通车 …… 153
项目测试 …… 160

参考文献 …… 162

项目一　仓储配送中心规划与设计

项目导学

- 项目一　仓储配送中心规划与设计
  - 任务一　认识仓储技术与设备
    - 走进仓储
    - 认识仓储技术与设备
    - 仓储配送中心技术与设备的选择
    - 常用的仓储技术与设备
    - 自动化立体仓库
    - 智慧仓储系统
  - 任务二　认识配送技术与设备
    - 走进配送
    - 认识配送技术与设备
    - 常见的配送技术与设备
  - 任务三　配送中心规划
    - 配送中心规划设计的流程
    - 配送中心的选址
    - 配送中心的布局
  - 任务四　单项技能实训
    - 仓库内部与园区规划设计
  - 行企直通车
    - 仓库标准化管理方案——以某物流企业为例
  - 项目测试

学习任务

任务一　认识仓储技术与设备

学习目标

1. 掌握仓储设备的选用方法
2. 了解自动化立体仓库的构成
3. 能够根据图示或实物，识别各种类型的仓储设备
4. 能够操作常用的仓储配送中心设备
5. 具备一定的团队合作精神和协调能力

任务导入

某仓储中心2023年7月30日收到A客户要求寄存物品的入库通知单：500台34in长虹彩色电视机、300台242L海尔电冰箱、300台RT2106美的电磁炉，450台EM-J2109EB2三洋微波炉。

思考与讨论：为完成上述入库任务，需要用到哪些仓储设备？

任务实施

一、走进仓储

“仓”即仓库，为存放、保管、储存物品的建筑物和场地的总称，可以是房屋建筑、洞穴、大型容器或特定的场地等，它具有存放和保护物品的功能。

“储”即储存、储备，表示收存以备使用，具有收存、保管、交付使用的意思。

国家标准《物流术语》（GB/T 18354—2006）中对仓储的定义：通过仓库对商品与物品的储存与保管。货物的仓储过程不仅是商品流通过程顺利进行的必要保证，也是社会再生产过程得以进行的保证。

二、认识仓储技术与设备

在接到仓储工作任务后，仓库管理人员首先需要根据货物性质选择合适的设备及其数量，以完成相应的出入库作业。

（一）仓储技术

随着自动化技术、计算机信息技术和网络技术的快速发展，物流技术也发生了质的飞跃。在仓储作业方面，除了耳熟能详的条码与自动识别技术之外，在堆垛环节，自动码垛和拆垛技术已被广泛运用；在存储环节，多种密集储存技术的应用已比较成熟，以箱、托盘为单位的存储技术已成为热点；在分拣环节，“货到人”自动拣选技术得到了众多仓储配送中心的热捧。

随着现代化仓储配送中心的建立和现代化存储技术的广泛运用，仓储设备不断朝着经济、实用、安全、可靠、合理、稳定等方向发展。

（二）仓储设备

仓储设备在完成仓储配送中心功能中起着非常重要的作用。仓储设备的种类很多，为使其发挥最佳效用，管理人员必须进行合理的选择配置和管理使用。仓储设备根据其在仓储配送中心中的不同用途，可分为以下五大类。

1. 装卸搬运分拣设备

该类设备是用于提升、搬运商品的机械设备，主要包括以下几种。

（1）装卸堆垛设备，主要有起重机、堆垛机、叉车、托盘等。

（2）搬运传送设备，主要有输送机、无人搬运车（AGV）、多层穿梭车等。

（3）分拣设备，主要有自动化的分拣机、分拣机器人等。

2. 保管养护设备

保管养护设备是用于储存、保管、养护商品的设备，主要包括各种货架、吸湿器、除锈机、烘干机、温湿度控制器等。

3. 计量检验设备

计量检验设备是用于商品的入库验收、在库检查和出库交接过程中使用的称量设备及检验商品的各种仪器仪表。称量设备包括地中衡、轨道衡、磅秤、自动称量装置等。量具包括直尺、卷尺、卡钳、线规、游标卡尺和千分卡尺等。检验商品的仪器仪表有测湿仪、拉力机、硬度机、显微镜、光谱仪、光学分析仪器等。

4. 通风、照明、保暖设备

常见的该类设备有联动开窗机械、抽风机、各式电扇、普通加罩电灯、探照灯、暖气装置、防护火炉等。

5. 消防设备

为了保证仓储配送中心的安全，仓储配送中心必须根据储存商品的种类配置相应的消防设备，常见的有消防栓、灭火器等。

三、仓储配送中心技术与设备的选择

（一）仓储配送中心技术与设备的选择原则

1. 仓储配送中心设备的型号应与自身的作业量、出入库作业频率相适应

仓储配送中心的日吞吐量与设备的额定起重量、水平运行速度、起升和下降速度以及设备的数量有关，应根据具体的情况进行选择。同时，设备的型号应与仓储配送中心货物的出入库频率相适应。对于综合性仓库，其吞吐量不大，但是收发作业频繁，作业量和作业时间很不均衡，这时应该考虑选用起重载荷相对较小、工作繁忙程度较高的机械设备；对于专用性仓库，其吞吐量大，但是收发作业并不频繁，作业量和作业时间相对均衡，这时应该考虑选用起重载荷相对较大、工作繁忙程度较小的机械设备。

2. 计量和搬运作业同时完成

有些仓储配送中心需要大量的计量作业，如果搬运作业和计量作业不同时进行，势必要增加装卸搬运的次数，降低生产效率，所以需要搬运作业和计量作业同时完成。例如，在皮带输送机上安装计量装置，在货物输送的过程中同时完成计量工作。

3. 选择自动化程度高的输送装置

要提高仓储配送中心的作业频率，应从货物和作业机械两方面着手。从货物的角度来考虑要选择合适的货架和托盘。托盘的运用大大提高了出入库作业的效率，选择合适的货架同样使出入库作业的效率提高；从机械设备的角度来考虑，应提高机械设备的自动化程度以提高仓储作业的效率。

4. 注意仓储机械设备的经济性

选择装卸搬运设备时，企业应该根据仓储与配送中心作业的特点，运用系统的思想在坚持

技术先进、经济合理、操作方便的原则下，结合自身的特点对设备进行经济性评价，并选择合适的仓储设备。

仓储设备的总费用构成与其他设备一样，是由一次性购置费用和维护费用所组成的，应根据企业的具体情况进行合理的选择。同时应注意设备的投资回收期，应选择投资回收期最短的装卸搬运设备。除此之外，还应将设备的经济性与设备的技术性结合起来进行考虑，如采用新设备时，尽管设备的投资额加大，但应该看到采用新设备所带来的生产率提高、劳动力节约和节省能源等收益。

（二）仓储配送中心技术与设备选择的考虑因素

仓储与配送中心设备的选择一般要考虑物品特性、存取性、出入库量、厂房架构、作业区的场地和设备成本等因素，此外不同的仓储与配送中心以及不同的设备应该根据实际情况加以选择。

1．物品特性

物品的尺寸大小、外形包装等将会影响储存单位的选用。储存单位不同，相对的使用设备就不同，例如托盘式货架适用于托盘化货物存储，而箱式货架则适合箱品使用。若外形尺寸特别则需要有一些特殊的存储设备，而货品本身的材料特性，如易腐性或易燃性等货品，就必须在存储设备上做防腐考虑。

2．存取性

一般存取性与储存密度是相对的，也就是说，为了得到较高的储存密度，则必须相对牺牲物品的存取性。有些货架形式虽可得到较高的储存密度，但会使储位管理较为复杂。唯有立体自动仓库可往上发展，存取性与储存密度俱佳，但相对投资成本较为昂贵。因此选用何种形式的储存设备，可以说是各种因素的折中，也是一种策略的应用。

3．出入库量

某些形式的货架虽有很好的储存密度，但出入库量却不高，适合低频度的作业。出入库量高低是非常重要的数据，可借此数据来选用适当的储放设备形式。另外还需考虑是否有先进先出的需求，如食品，因此必须兼顾库存管理的方式。

4．厂房架构

梁下有效高度、梁柱位置会影响货架的配置。地板承受的强度、平整度也与货架的设计、安装有关。另外还必须考虑防火设施和照明设施。

5．作业区的场地

作业区场地的光滑度、平整度状况和承受能力极大地影响叉车的使用，尤其是在使用提升的室内叉车时，较大起伏的地面应尽量避免。如果作业场地承重能力不足，在选择叉车时，应充分考虑叉车的自重对地面的影响。

（三）仓储配送中心技术与设备选择的依据

任何具体的仓储技术与设备，都可以使用鱼刺图分析出主要因素，进而做出选择。下面以货架的选择为例进行讲解，如图1-1-1所示。

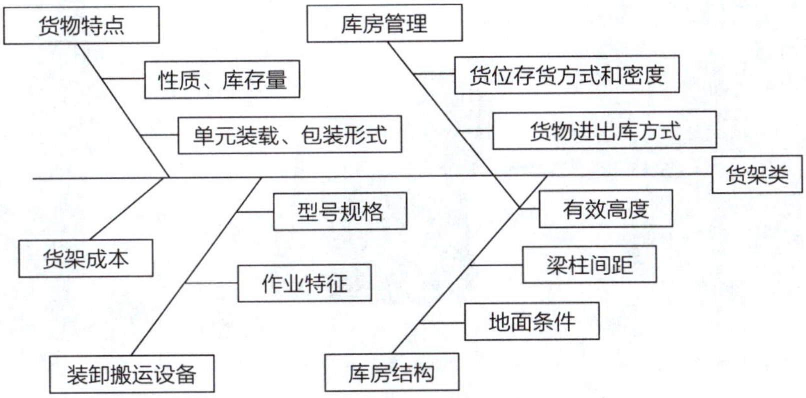

图1-1-1 选择货架应综合考虑的因素

由图1-1-1可以看出，影响货架选择的主要因素有库房结构、货物特点、货架成本、装卸搬运设备及库房管理等。在此基础上再进一步细化下去，得出更具体的因素，最终选择各方面都符合仓储配送中心要求的货架。

四、常用的仓储技术与设备

（一）叉车

1．叉车的概念

叉车又称铲车、叉式取货机，享有万能装卸机的美称，是物流领域最常用的具有装卸、搬运双重功能的机械。它以货叉作为主要的取货装置，依靠液压起升机构升降货物，由轮胎式行驶运动实现货物的水平搬运。叉车除了使用货叉以外，还可以更换各类的取物装置以适应多种货物的装卸、搬运和堆垛作业，具有通用性、装卸搬运双重功能性及灵活性等特点。

2．叉车的种类

叉车的动力一般有内燃式和电动式两种，内燃式叉车机动性好，功率大，用途较广泛。一般情况下，重、大吨位的叉车采用内燃机作为动力；电动式叉车以蓄电池作为动力，具有操作容易、无废气污染、适合在室内作业的特点。随着环保要求越来越高，电动式叉车需求有较快的增长趋势。

在实际工作中，根据作业需要，叉车有多种类型，具有不同的性能和功用，主要有以下几种。

（1）平衡重式叉车。平衡重式叉车（图1-1-2）的货叉位于叉车的前部，为了平衡货物重量产生的倾翻力矩，在叉车的后部装有平衡配重以保持叉车的稳定。平衡重式叉车是目前应用最广泛的叉车，占叉车使用总量的80%左右。

（2）插腿式叉车。插腿式叉车（图1-1-3）一般制成三支点形式，有两插腿，货叉位于两插腿之间。特点是车身短、自重轻，结构简单，回转半径小，可在狭窄通道内操作直角堆垛作业，多用于库房、载重汽车和集装箱内作业。

（a）小轴距平衡重式叉车　　（b）内燃平衡重式叉车

图1-1-2　常见的平衡重式叉车

图1-1-3　插腿式叉车

（3）侧面式叉车。侧面式叉车（图1-1-4）的门架和货叉在车体的一侧，适用狭窄通道中从侧面装卸和搬运长件货物，如木材钢管、水泥制件等，其车体较长，重量较大，灵活性较差。

（4）前移式叉车。前移式叉车（图1-1-5）具有平衡重式叉车和电动堆垛机的共同特征。这两种性能的结合，使得这种叉车具有操作灵活和高载荷的优点，同时体积和自重不会增加很多，最大限度节省作业空间，大大提高仓库空间的利用率。

（5）集装箱式叉车。集装箱式叉车（图1-1-6）专门用于集装箱的装卸搬运，也有正面式和侧面式两类，它的主要特点是可搬运较大重量的集装箱货物。

（6）高货位拣选式叉车。高货位拣选式叉车（图1-1-7）的主要作用是高位拣货。操作台上的操作者可与底部装置一起上下运动，并拣选储存在两侧货架内的货物，适用于多品种少量出入库的拣选式高层货架仓库。

图1-1-4　侧面式叉车

图1-1-5　前移式叉车

图1-1-6　集装箱式叉车

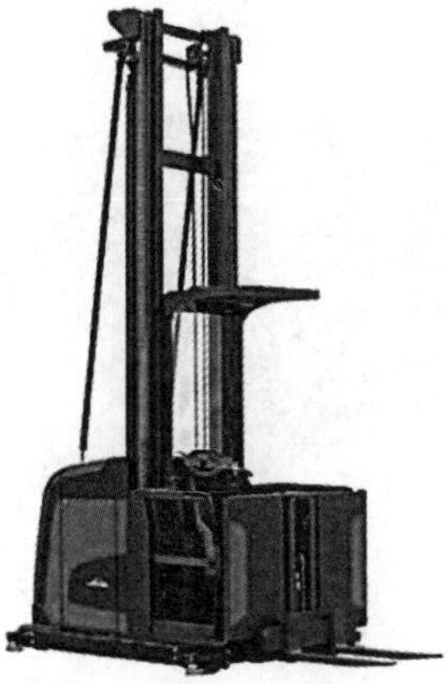

图1-1-7　高货位拣选式叉车

3. 叉车的选用

一般而言，根据叉车的功用不同选择某一种类型的叉车进行作业，也可根据作业区的日吞吐量、作业高度和搬运距离等进行选择，作业区的日吞吐量、作业高度和搬运距离等应与叉车的技术性能参数相符。

（1）作业区的日吞吐量。作业区的日吞吐量是指作业区（如车站、码头、仓库和配送中心等）每天进出的货物的总重量或搬运托盘的数量。根据作业区的日吞吐量确定所选叉车的搬运能力和叉车的数量。

（2）作业区的作业高度。根据作业区的作业高度不同选择叉车的货叉最大起升高度。在选择时应保证货叉的最大起升高度高于作业区的作业高度。

（二）托盘

1. 托盘的概念

国家标准《物流术语》（GB/T 18354—2006）对托盘的定义：用于集装、堆放、搬运和运输的放置作为单元负荷的货物和制品的水平平台装置。作为与集装箱类似的一种集装设备，托盘现已广泛应用于生产、运输、仓储和流通等领域，被认为是20世纪物流产业中两大关键性创新之一。托盘作为物流运作过程中重要的装卸、储存和运输设备，与叉车配套使用，在现代物流中发挥着巨大的作用。

2. 托盘的分类

（1）按结构不同分类。

①平托盘：平托盘（图1-1-8）几乎是托盘的代名词，只要一提托盘，一般都是指平托盘，因为平托盘使用范围最广、使用数量最多、通用性最好。

②箱式托盘：箱式托盘（图1-1-9）是四面有侧板的托盘，有的箱体上有顶板，有的没有顶板。箱式托盘的防护能力强，可防止塌垛和货损，可装载异型不能稳定堆码的货物，应用范围广。

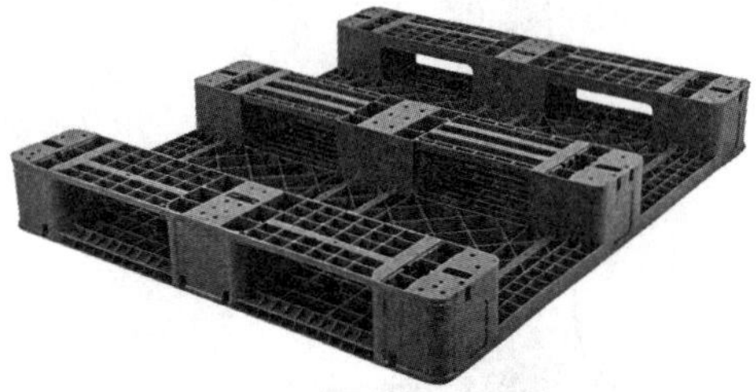

（a）川字塑料平托盘

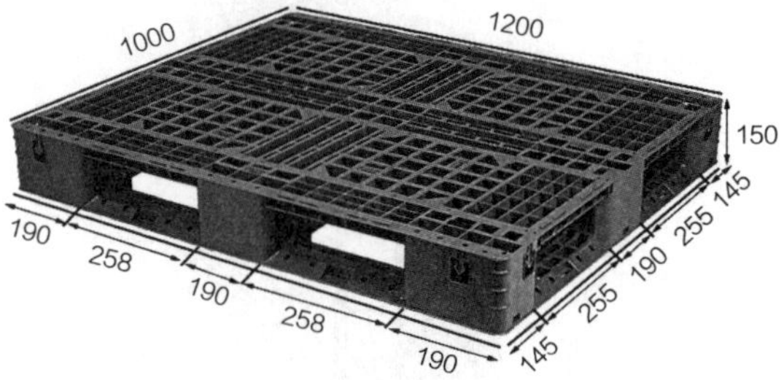

（b）网格田字平托盘

图1-1-8　平托盘

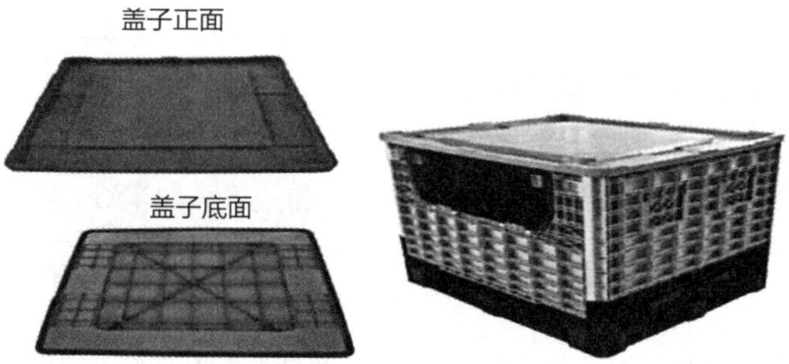

图1-1-9　箱式托盘

③柱式托盘：柱式托盘（图1-1-10）分为固定式和可卸式两种，其基本结构是托盘的4个角有钢制立柱，柱子上端可用横梁连接，形成框架。柱式托盘的主要作用有两个：一是利用立柱支撑重量物，往高叠放；二是可防止托盘上放置的货物在运输和装卸过程中发生塌垛现象。

④轮式托盘：轮式托盘（图1-1-11）与柱式托盘和箱式托盘相比，多了下部的小型轮子。轮式托盘具有短距离移动、自行搬运或滚上滚下式的装卸等特点，用途广泛，适用性强。

图1-1-10　柱式托盘

图1-1-11　轮式托盘

（2）按材质不同分类。

①木制托盘：木制托盘（图1–1–12）是托盘中最传统和最普及的类型。由于木材具有价格低廉、易于加工、成品适应性强、可以维修等特点而为绝大多数用户采用。

②塑料托盘：塑料托盘（图1–1–13）与钢托盘、木托盘相比具有质轻、平稳、美观、整体性好、无钉无刺、无味无毒、耐酸、耐碱、耐腐蚀、易冲洗消毒、不腐烂、不助燃、无静电火花、可回收等优点，使用寿命是木托盘的几倍。

图1–1–12 木制托盘

图1–1–13 塑料托盘

③金属托盘：与其他材质的托盘相比，金属制托盘（图1–1–14）具有最好的承载性、牢固性及表面抗侵蚀性。但缺点同样突出，主要是重量大，无法人工搬运且价格高昂。金属托盘多用于石油化工等对托盘有特殊要求的领域。

④纸质托盘：纸质托盘（图1–1–15）具有无虫害、环保、价格低廉以及承重能力强等优点。常见的纸质托盘有：以牛皮纸为基本原料所生产的阿贝纸托盘，以蜂窝纸为基本原料所生产的蜂窝纸托盘，以瓦楞纸为基本原料所生产的瓦楞纸托盘，以高质牛皮纸为原料生产的滑托盘等。

3. 托盘标准化

托盘的标准化是物流领域的一个重要问题。托盘如果只是在工厂和仓库使用是不能充分发挥其效益的，只有全程托盘化才能取得良好的效果。这就必然涉及托盘的标准化问题。

我国托盘规格与国际化组织规定的通用尺寸一致，主要有以下3种规格：800mm ×

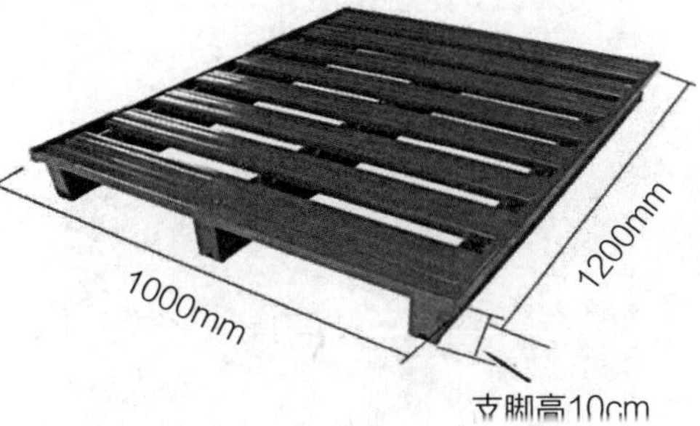

图1–1–14 金属托盘

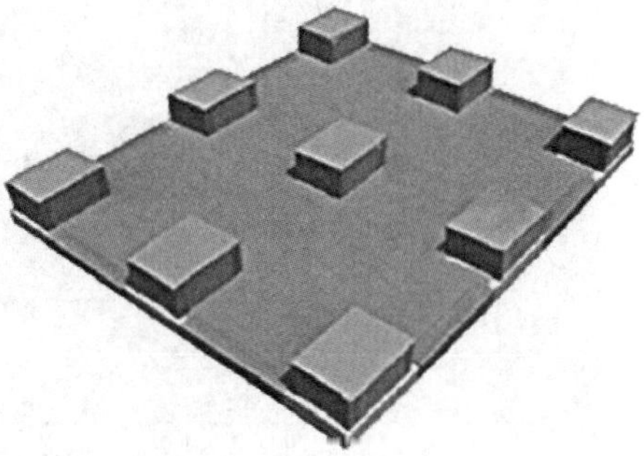

图1–1–15 纸质托盘

1000mm、800mm × 1200mm、1000mm × 1200mm。

托盘集合包装所集装的货物单元体积一般为1m³以上，高度在1100mm或2200mm，载重为500 ~ 2000kg。

4．托盘循环共享模式

目前，绿色物流的发展理念已渗透在社会的方方面面，托盘作为物流集装单元载具被广泛应用于生产和流通领域，在整个物流环节中起着举足轻重的作用。以标准化托盘为切入点，带动上下游设备设施、产品包装、操作流程、服务等不同环节的标准化，发展单元化物流，实现托盘在更大范围的循环共用，对降低物流成本、提高流通效率发挥着重要的作用。鼓励企业采用托盘循环共享模式发展绿色物流，具有极高的经济价值，且可操作性强，能实现经济效益和社会效益双赢，企业可以在不增加成本，甚至降低成本的情况下，实现绿色可持续发展，是最经济实用的绿色发展方式。

（三）货架

1．货架的概念

货架是用支架、隔板或托架组成的立体储存货物的设施。货架在仓库、配送中心中占有非常重要的地位。随着现代工业的迅猛发展、物流量的大幅度增加，为实现仓储配送中心的现代化管理，改善仓储配送中心的功能，不仅要求货架数量多，而且要求其具有多功能，同时满足仓储作业机械化、自动化的需求。

2．几种常用的货架

（1）托盘货架。托盘货架（图1–1–16）是使用最广泛的托盘类货物存储系统，通用性也较强，其结构是货架沿仓库的宽度方向分成若干排，其间有一条巷道供堆垛起重机、叉车或其他搬运机械运行。每排货架沿仓库纵长方向分为若干列，在垂直方向又分成若干层，从而形成大量货格供托盘存储货物。

（2）重力式货架。重力式货架（图1–1–17）又称为流动式货架，是一种利用存储货物自

图1–1–16　托盘货架

图1–1–17　重力式货架

身重力来达到在货物存储深度方向上使货物运动的存储系统，较多应用于拣选系统。它常与流利装置和辊道配合使用，取倾斜布置。采取“先进先出”型存取模式，存货时托盘从货架斜坡高端送入滑道，通过导向轮下滑，逐个存放；取货时从斜坡低端取出货物，其后的托盘逐一向下滑动待取。托盘货物在每一条滑道中依次流入流出，故特别适用于易损货物和大批量同品种、短时期储存的货物。

（3）悬臂式货架。悬臂式货架（图1-1-18）由悬臂和纵梁相连而成。该种货架适合存储长、大件货物和不规则货物，如钢铁、木材、塑料等，其前伸的悬臂具有结构轻巧、载重能力好的特点。

（4）驶入式货架和驶出式货架。驶入式货架（图1-1-19）托盘的存放方式为堆高机从里层的位置开始存放至最前面的位置，其配置方式可以两组驶入式货架背对背安置或单独一组靠着墙壁安置。堆高机的进出都使用相同的通道，储存密度非常好，但存取性受到限制，不易做

（a）重型悬臂货架

（b）轻型悬臂货架

图1-1-18　悬臂式货架

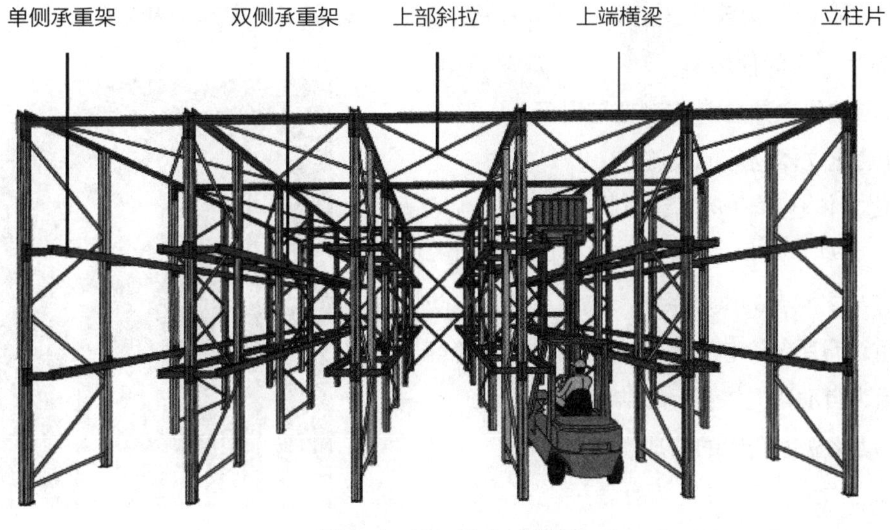

图1-1-19　驶入式货架

到“先进先出”的管理。

驶出式货架（图1–1–20）与驶入式货架使用相同的组件，有相同特性，但因其末端没有封闭，故前后均可安排存取的通道，因此可做到“先进先出”的管理。

（5）层架。层架（图1–1–21）由立柱、横梁、层板构成。架子本身分为数层，层间用于存放货物。层架结构简单，适用性强，存取作业方便，但存放货物的数量有限，是人工作业仓库中重要的存储设备。

图1–1–20　驶出式货架

（a）轻型角钢层架　（b）中A层板货架

图1–1–21　层架

五、自动化立体仓库

自动化立体仓库又称立库、高层货架仓库。自动化仓库，它是一种用高层立体货架（托盘系统）存储物资，用自动控制的巷道堆垛起重机及其他机械进行搬运存取作业，用计算机控制管理的仓库。自动化立体仓库能按指令自动完成货物的搬运、存储作业，并对库存货物进行自动管理，是企业现代化的重要手段之一。

自动化立体仓库使用高层货架存储货物，存储区域大幅度地向高空发展，仓库高度最高达40m，最大库存量可达数万甚至十几万个货物单元，充分利用仓库地面和空间，节省了库存占地面积，提高了空间使用率。

图1–1–22　自动化立体仓库

（一）自动化立体仓库的设施与设备

1．自动化立体仓库的设施

自动化立体仓库由仓库建筑物、自动控制与管理系统、高层货架、巷道式堆垛机、出入库输送机等设备构成，还有与之配套的供电系统、空调系统、消防报警系统、称重计量系统、包装系统、网络通信系统等。图1–1–22所示为自动化立体仓库的结构示意图。

2．自动化立体仓库的构成

（1）高层货架。高层货架有各种类型。按照建筑材料不同，可分为钢结构货架、钢筋混凝土结构货架等；按照货架的结构特点，可分为固定式货架和可组装、拆卸的组合式货架；按照货架的高度区分，小于5m的为低层货架，5～15m的为中层货架，15m以上的为高层货架。自动化立体仓库货架一般由钢材或钢筋混凝土制作。

（2）搬运输送设备。常用的仓储机械设备有各种堆垛起重机、高架叉车、辊子或链式输送机、巷道转移台车、升降机、自动导向车等。

（3）自动控制系统。自动控制系统是自动化立体仓库的“指挥部”和“神经中枢”。它控制堆垛机和各种周边设备的运行，自动完成货物的存入与拣出。自动化立体仓库中的自动控制系统主要指检测装置、信息识别装置、控制装置、通信设备、监控调度设备、计算机管理设备以及大屏幕显示器和图像监视等设备。

（二）自动化立体仓库的优缺点

1. 自动化立体仓库的优点

（1）仓库作业全部实现机械化和自动化，节省人力，大大提高了作业效率。

（2）大幅度地增加仓库高度，充分利用仓库面积与空间，减少占地面积，降低土地购置费用。

（3）采用托盘或货箱储存货物，货物的破损率显著降低。

（4）利于管理，货位集中便于控制，借助计算机能有效地利用仓库储存能力，便于清点盘货，合理减少库存，节约流动资金。

（5）能适应黑暗、有毒、低温等特殊场合的需要。

2. 自动化立体仓库的缺点

（1）结构复杂，配套设备多，需要的基建和设备投资高。

（2）货架安装精度要求高，施工比较困难，而且施工周期长。

（3）储存货物的品种受到一定限制，对长、大、笨重货物以及要求特殊保管条件的货物必须单独设立储存系统。

（4）对仓库管理人员和技术人员要求较高，必须经过专门的培训才能胜任。

（5）工艺要求高，包括建库前的工艺设计和投产使用中按工艺设计进行作业。

（6）弹性较小，难以应付储存高峰的需求，流通业在实际运作时常常会有淡旺季或高低峰以及客户紧急的需求，而自动化设备数目固定，运行速度可调整范围不大。

（7）必须注意设备的保管保养并与设备提供商保持长久联系，自动化仓库的堆垛起重机、自动控制系统等都是先进的技术性设备，由于维护要求高，必须依赖供应商，以便在系统出现故障时供应商能提供及时的技术援助。

自动化立体仓库要充分发挥其经济效益，就必须与采购管理系统、配送管理系统、销售管理系统等管理系统相结合，但是这些管理系统的建设需要大量投资。因此，在选择建设自动化立体仓库时，必须综合考虑自动化立体仓库在整个企业中的营运策略、地位和设置自动化立体仓库的目的，不能为了自动化而自动化，还要分析建设自动化立体仓库所带来的正面和负面影响。最后还要考虑采取相应的补救措施。所以，在实际建设中必须进行详细的方案规划，进行综合测评确定建设方案。

六、智慧仓储系统

（一）RFID仓储管理系统

RFID（Radio Frequency Identification）又称无线射频识别，是一种通信技术，可通过无线电讯号识别特定目标并读写相关数据，而无须在识别系统与特定目标之间建立机械或光学接触。RFID核心是使每件商品都有自己特定的一段信息，与之相配合的在仓库的进出口都设立RFID读写器，会读取通过读写器的货物的信息，使用RFID的手持客户端，对物品进行扫描，便于信息收集和整理。

RFID仓储管理系统是一个基于RFID识别技术，提供货物识别追踪、管理和查验货物信息功能的平台，其中追踪功能主要涵盖配送需求、货物送货、货物入库和配送超时等应用范围。通过将RFID识别技术和计算机数据库管理查询技术相结合，实现货物信息自动识别以及与企业信息化体系的无缝对接。满足企业物流运作的自动化、信息化、智能化的需求，确保RFID技术在企业物流作业中发挥最大效益。RFID仓储系统优势功能主要体现在以下几点。

（1）出入库自动化。自动查询货品信息、自动提交出入库信息、全程实时反映现场作业。

（2）高效理货。快速查询各自库位上的货品信息、提交货品变化信息，解决理货难题。

（3）精准盘点。智能仓储管理系统能自动汇总盘点。

（4）自动识别。快速抓取仓储管理信息，精准高效。

（5）标准化流程。包括出入库流程及库房内部的管理流程，大大提高作业效率。

（二）WMS仓储管理系统

WMS即为仓库管理系统，是通过入库业务、出库业务、仓库调拨、库存调拨和虚仓管理等功能，对批次管理、物料对应、库存盘点、质检管理、虚仓管理和即时库存管理等功能综合运用的管理系统，能有效控制并跟踪仓库业务的物流和成本管理全过程，实现完善的企业仓储信息管理，结合其他系统，可提供更为全面的企业业务流程和财务管理信息。WMS仓储管理系统优势主要有：数据采集及时、过程精准管理、全自动化智能导向；库位精确定位管理、状态全面监控；智能化先进先出自动分配上下架库位，避免人为错误，与自动分拣线、自动拣货小车等物流辅助设备集成，提高仓库作业自动化水平；实时掌控库存情况，合理控制企业库存；自动采集批次信息，实现可追溯性；WMS条码管理促进企业管理模式的转变，提升供应链响应速度。

（三）WCS仓储控制系统

WCS系统，即仓储控制系统，位于仓储管理系统（WMS）与物流设备之间的中间层，负责协调、调度底层的各种物流设备，使底层物流设备完全按照程序预先设定的流程执行仓储系统的业务，是保证整个物流仓储系统正常运转的核心系统，其功能主要包括以下几点。

（1）任务管理。接收WMS传递的物流任务计划，并实时反馈任务状态。

（2）设备调度。协调输送系统与设备之间的运行，完成WMS下达的任务，并能调度输送设备回到初始位置。

（3）设备监控。实时监控与WMS的连接状态，监控物流设备的运行状况与任务执行情况，实现执行过程实时模拟。

（4）物流监控。物料状态的在线查询，通过设备编号来查询、显示相应的物料信息和设备信息。

（5）故障提示。设备出现故障时，点击设备图标，可以查看故障原因。

（6）运行记录。详细记录设备运行情况，包括设备通信记录、设备匹配记录以及操作记录。

（四）AGV搬运机器人

AGV搬运机器人主要集中应用在物料搬运上，发挥其高效性、准确性、灵活性的特点完成物料的搬运任务。AGV搬运机器人还可以多台联动，组成柔性的物流搬运系统，搬运路线可以随时进行动态调节，能够实现任意站点间的运输，大大提高了搬运的柔性和效率，同时能够节约大量的人力、物力，降低成本，实现仓储管理的有序运作，提升空间的整洁度，实现无人化作业。

（五）分拣机器人

分拣机器人是一种具备了传感器、物镜和电子光学系统的机器人，可以快速进行货物分拣。分拣机器人能通过“看”地面上粘贴的二维码给自己定位和认路，通过机器人调度系统的指挥，抓取包裹后，穿过配备具有读码功能的工业相机和电子秤称重功能的电子秤等外围设备的龙门架，机器人调度系统便识别了快递面单信息，完成包裹的扫码和称重，并根据包裹目的地规划出机器人的最优运行路径，调度机器人进行包裹分拣投递。它的优势主要体现在：分拣灵活、高效，适用性强，对场地要求较低，数量可根据场地条件进行增减；设备维护维修简单，一旦发生故障，可以直接将单个机器人拿走维修，从发生故障到恢复生产只要20秒；在相同分拣量的情况下，智能机器人分拣可节省2/3的人力。

（六）码垛机器人

码垛机器人是机械与计算机程序有机结合的产物，能适用于纸箱、袋装、罐装、箱体、瓶装等各种形状的包装成品码垛作业。码垛机器人为现代生产提供了更高的生产效率。它的优势体现在以下几个方面。

（1）效率高。码垛机器人不仅能承担高负重，而且速度和质量远远高于人工。

（2）精度准。每一台码垛机器人都有独立的控制系统，极大地保证了作业精度，且重复精度可达正负0.5mm，完全可以满足物流码垛作业的定位要求。

（3）稳定性好。通过相应的科学、合理的刚性机械本体设计，使得机器人本体不仅能适应高负重、高频率的码垛作业，还能适应食品快餐行业分拣烦琐、灵活性高的作业。

（4）成本控制有效。码垛机器人虽然前期投入较高，但是能达到边际效用最大化，且在不断更新换代中加入新的科技成果，能够有效降低机器人的生产和使用成本。

任务二　认识配送技术与设备

学习目标

1．掌握配送设备的选用方法

2．了解自动化分拣系统的构成

3．能够合理选择仓储配送中心所适用的配送设备

4．能够操作常用的配送设备

5．具备高效的执行力和一定的协调能力

任务导入

某配送中心2023年7月30日收到B客户的发货通知单：要求将500箱王老吉、1200箱康师傅红烧牛肉方便面、600箱可口可乐饮料、600箱怡宝矿泉水，配送到本市的M超市。

思考与讨论：为完成上述出库任务，需要用到哪些配送设备？

任务实施

一、走进配送

国家标准《物流术语》（GB/T 18354—2006）中配送的定义：在经济合理区域范围内，根据用户要求，对物品进行拣选、加工、包装、分割、组配等作业，并按时送达指定地点的物流活动。它是物流的一个缩影，是某小范围中物流全部活动的体现。

二、认识配送技术与设备

1．配送技术

配送技术是指配送活动中所采取的各种技术，是构成配送中心保障力的要素，是实现配送规模作业的手段和技术保证，是衡量配送中心现代化水平高低的重要标志。

目前，应用于配送的先进技术有：电子标签拣货技术、自动识别技术、EDI（电子数据交换）技术、GIS（地理信息系统）技术、GPS（全球定位系统）技术、JIT（准时生产）技术、电子商务下的配送技术等。

2．配送设备

在仓储配送中心内，配送业务使用的主要设备与仓储设备相同。在配送中心外，需要使用运输设备，主要体现为各种配送车辆，可根据货物性质来选择。

三、常见的配送技术与设备

（一）自动化分拣系统

自动化分拣设备是仓储配送中心自动化的核心，自动化分拣机的效率可以达到人工分拣的6倍以上。自动分拣系统一般包括四大装置，通过计算机网络连接在一起。

1. 控制装置

控制装置的作用是识别、接收和处理分拣信号，根据分拣信号的要求来指示分类操作，按商品品种、商品送达地点或货主的类别对商品进行自动分类。这些分拣需求可以通过不同方式，如可通过条形码扫描、键盘输入、重量检测、语音识别、高度检测及形状识别等方式，输入分拣控制系统，根据对这些分拣信号的判断来决定某一种商品该进入哪一个分拣道口。

2. 分类装置

分类装置是由控制装置发出分拣指示，当具有相同分拣信号的商品经过该装置时，该装置动作，使相应商品改变在输送装置上的运行方向并进入其他输送机或进入分拣道口。

3. 输送装置

输送装置的主要组成部分是传送带或输送机，其主要作用是使待分拣商品通过控制装置、分类装置，一般要连接若干分拣道口，使分好类的商品滑下主传送带以便进行后续作业。

4. 分拣道口

分拣道口是已分拣商品脱离主传送带进入集货区域的通道，使商品从主输送装置滑向集货站台，再由工作人员组配装车。

（二）配送（运输）车辆

1. 按照车辆的车厢分类

（1）平板车。平板车（图1–2–1）没有车厢，只有1m左右长的车帮，一般的平板车的长度大都在9~16m，用于运输一些基础材料，例如日化、化工、塑料粒子等。

图1–2–1 平板车

（2）高护栏车。高护栏车（图1–2–2）有车厢，车厢四壁为彩钢，没有封闭的顶棚，在需要时可用帆布做顶棚，通风好，因此可用于动物运输。

（3）全封闭车。全封闭车（图1–2–3）或者叫作厢式货车，适合运输货值较高，或对车辆有较高要求的货物。

2. 按照使用的范围分类

（1）普通运输车。包含上述三种车型，主要运输日常的一些普通货物。

（2）冷藏车。冷藏车（图1–2–4）是用来维持冷冻或保鲜的货物温度的封闭式厢式运输车，常用于运输冷冻食品、奶制品、蔬菜水果、疫苗药品等。

（3）危险品车。危险品车（图1-2-5）是一种货厢顶部不封闭，排气管前置并装有防火花装置，运送石油化工物品、炸药、鞭炮等危险品的专用车辆。

（a）栏板载货车　　（b）仓栅式载货车

图1-2-2　高护栏车

图1-2-3　厢式货车

图1-2-4　冷藏车

图1-2-5　危险品车

任务三　配送中心规划

学习目标

1. 掌握配送中心选址流程
2. 熟悉配送中心的作业流程
3. 能够根据实际需求，完成配送中心物流作业区的布局
4. 能够完成小型配送中心的规划
5. 具备团队协作能力及独立思考、解决问题的能力

任务导入

苏州市某仓储配送企业主要为客户企业提供日用品及食品的仓储配送业务，由于业务发展的需要，该企业决定新建一个仓储配送中心，服务本市及周边湖州、昆山、常熟、嘉兴等地区。

思考与讨论：如何对配送中心进行选址与规划？

任务实施

一、配送中心规划设计的流程

（一）配送中心规划设计的原则

配送中心的规划设计包括配送中心类型和规模的确定、选址、功能设计等多个方面，内容十分复杂，系统工程庞大，因此，在规划设计时，必须遵循以下原则。

1. 系统工程的原则

配送中心的工作包含了装卸、搬运、储存、分拣、配货、流通加工、包装、信息处理、运输等多个环节。在规划设计新的配送中心时，必须要做到统筹兼顾，才能均衡各环节、协调运转，因此要把定性分析与定量分析相结合，结合以往经验使整体最优。

2. 价值工程的原则

在激烈的市场竞争中，对配送中心的准点率要求越来越高，在规划设计时，要体现价值工程，必须对项目进行可行性分析，进行多方案的技术、经济比较，力求在满足高质量服务的同时，寻求最低的成本投入，使配送中心发挥最大功效。

3. 合理科学的原则

现代化的配送中心，自动化、智能化设施设备的广泛运用大大加速了商品的流转，在筹备新配送中心时，要科学合理地选择各种先进设施设备，以满足配送中心多功能、高效益的特点，不断提高现代化管理水平。

4. 动态发展的原则

规划配送中心时，既要保证设施设备、信息处理系统的够用，还要根据企业战略规划对未来的变化进行一定的预测，设计时应确保系统的柔性化和较强的应变能力，以应对未来物流量、经营范围的变化与拓展。

（二）配送中心规划设计的流程

配送中心规划设计是一项系统工程，大致包括以下几个阶段。

1. 筹划准备阶段

筹划准备工作主要包括确定配送中心的定位和目标、选择配送中心的地址、明确配送中心的背景资料和影响因素，便于有针对性地收集资料和信息，使后续工作有的放矢。

2. 总体规划阶段

总体规划工作主要进行配送中心的基础资料分析、规划条件的确定以及功能流程的规划，具体包括作业功能规划、区域布置规划、设施设备规划和信息系统规划等多方面的内容。

3. 方案评估阶段

采用各种系统评价方法或计算机仿真方法，对多个备选方案逐一进行可行性分析和比较评估，从中选择一个最佳方案进行详细设计。

4. 详细设计阶段

根据评估选定的方案进行详细规划，主要包括设备与设施设计、信息系统设计、运营系统设计等，要求设施设备能满足区域布置的要求，如果出现无法调和的情况，则需回到总体规划阶段调整区域规划。在详细设计结束后，需进行成本分析和评估。

5. 实施阶段

主要是进行设备制造与安装、系统的安装与调试，在全部安装与调试完成之后，配送中心可进行试运营，并根据试运营情况，从性能、可操作性、可靠性、可维护性等方面对设计方案进行完善和优化。

二、配送中心的选址

（一）配送中心选址的原则

1. 适应性原则

配送中心的选址，必须服从国家经济发展的方针与政策、适应区域经济发展需求，同时着眼于我国物流资源的分布，与客户需求分布相适应。

2. 协调性原则

配送中心的选址，应置身于区域，有利于企业与外部资源的协调、供给与需求的协调等。

3. 经济性原则

配送中心选址恰当与否，可能会直接影响到物流量的大小和运营费用的高低，因此，在选址时，需全面收集材料，多方考证，以总费用最低为原则。

4. 战略性原则

配送中心的选址，应具有战略眼光，既要满足眼前的实际需要，又要考虑未来发展的可能，如二期扩建。

（二）配送中心选址的流程

配送中心的选址方案主要是通过约束条件分析，通过成本计算，寻求费用最小的方案，具体包括以下几个环节。

1. 约束条件分析

配送中心选址的约束条件主要有：需求条件、运输条件、用地条件、服务条件、法律制度条件、流通职能条件等多个方面，分析这些约束条件，有利于避免选址的盲目性，使选址更为合理有效。

2. 收集整理资料

收集掌握第一手资料有利于选址的准确性，所需收集的资料包括以下几个方面。

（1）业务量资料。主要包括：工厂到配送中心的运输量、向客户配送的货物量、配送中心保管的货物量以及配送路线上的货物量。

（2）费用资料。主要包括：工厂到配送中心的运输费、配送中心到客户的配送费、与设施有关的费用、人工费及业务费等。

（3）其他资料。主要包括：客户的位置、现有设施及工厂的位置、各候选地址的配送路线及距离、必备车辆数、作业人员数、装卸方式及费用等。

3．地址初步筛选

对收集到的资料进行充分的整理和分析，综合考虑各种因素的影响，对需求进行预测后，进行地址的初步筛选，确定初步的候选地址。

4．定量分析

运用运筹学原理，选用不同的模型，计算并得出结果。对单一配送中心进行选址，可采用P中值法、重心法；对多个配送中心进行选址，可采用奎汉·哈姆勃兹模型和CELP法等。

5．结果评价

结合市场适应性、购置地的条件、购地总费用、地质、气候、交通环境、劳动力条件等，对计算出来的结果进行分析预测，判断其是否具有可行性。

6．复查

分析各影响因素对计算结果的相对影响程度，分别给予各因素相应的权重分数，采用加权法对计算出的结果进行复核，如复核的结果与分析结果一致则表示该结果为最终的选址方案；反之则应返回地址筛选中继续计算，直到得到最终的结果。

7．确定选址结果

通过权重加权的计算复查，可以作为配送中心选址的最终结果，但该最终结果不一定是最优方案，也许只是符合条件的满意方案。

三、配送中心的布局

配送中心的布局主要包括物流作业区、非物流作业区和通道。

（一）物流作业区

物流作业区主要包括进货区、理货区、储存区、流通加工区、出货区和退货区等。

进货区主要完成货物从运达到入库所要进行的相关作业，由停车卸货区、验收区、入库暂存区组成；理货区主要完成理货、拣货、货物分类、集货、验货、配货等作业，理货区可以划分为入库理货区和出库理货区；储存区是对货物进行储存保管的场所，其大小由配送中心处理的货物量决定；流通加工区则是对出库货物进行简单加工、贴标签、包装等的场所，一般根据需要可分为加工区和包装区；出货区则是货物集中待发区，其功能与进货区相类似，主要完成出库验货、出库暂存等作业；退货区是处理退货、瑕疵品和废品的作业区域，一般包括退货卸货区、退货处理区、换货区、退货暂存区、瑕疵品暂存区等。

（二）非物流作业区

非物流作业区主要包括辅助作业区、配合作业区、服务功能区等。

辅助作业区是辅助配送作业的区域，主要有容器回收区、设备存放区、设备维修区、废料处理区、停车场等；配合作业区是配送中心日常运营的业务管理区，主要由办公区、能源动力区（配电房、空调机房等）、绿化区、消防系统等组成；服务功能区是提供增值服务与生活服务的区域，如客户接待区、休息服务区、车辆检修区、餐饮区等。

（三）通道

配送中心的通道主要分为场区内的交通通道和各功能作业区的通道两种，在布局时应注意以下两个方面。

1．通道的走向和位置

一般情况下，采用“单向行驶、分门出入”的原则，以保证配送中心各作业区的井然有序。

2．通道的宽度

交通通道一般根据运输车辆的规格来设计，满足其正常行驶、会车、掉头等；作业通道一般按照各作业区所使用的设备尺寸来设计。

任务四　单项技能实训

实训项目：仓库内部与园区规划设计

实训 1　仓库内部区域设计与规划

实训内容：南京某电子商务有限公司主营业务以3C产品网络零售业务为主，包括销售电脑产品、手机数码、家电家居、汽车用品、服饰鞋帽五大品类超过一千个品牌，近五万种单品。

由于业务发展的需要，该电子商务有限公司决定在南京江宁区建设其南京分拨中心，其仓库的平面图如图1-4-1所示。

实训要求：请你为该公司南京分拨中心进行仓库区域规划与设计。

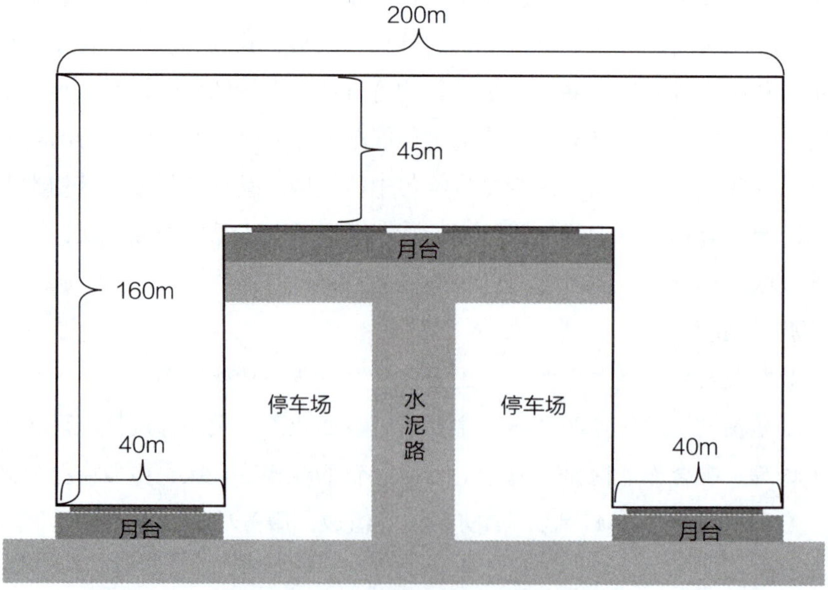

图1-4-1　某分拨中心平面图

实训 2 仓库园区规划与设计

实训内容：该公司南京分拨中心位于南京市某科技园区内，该分拨中心支持干线到货、南京市区内的配送点配送以及镇江、扬州、安徽等地区的分拨任务，日均分拣量为4000单，现租用某家汽车配件供应商的仓库园区，该公司计划将该分拨中心的日均分拣量提升至10000单（员工数量达140人），故公司准备为该园区进行规划设计。

实训要求：请在图1-4-2的基础上进行仓库园区的规划与设计。

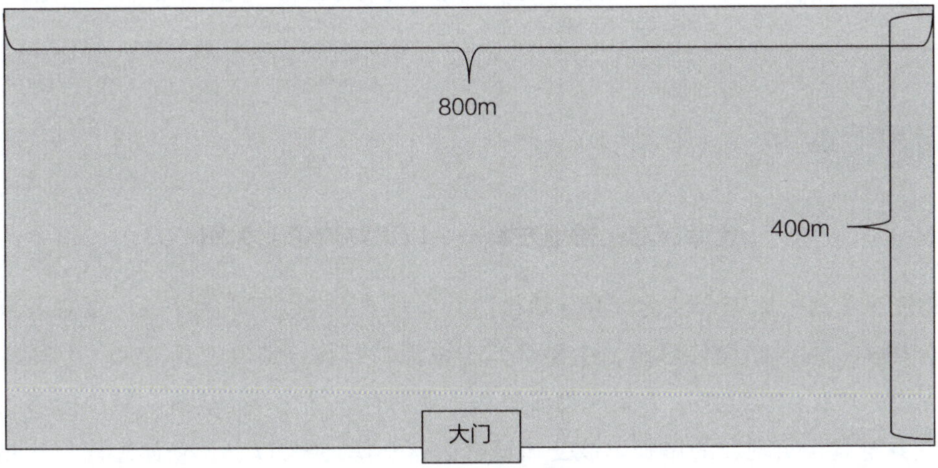

图1-4-2 仓库园区外围平面图

评分要点

实训考核表如表1-4-1所示。

表1-4-1 实训考核表

实训 1 考核评分标准		
要点	分值	得分
1. 仓库内部动线设计的合理性	30	
2. 仓储面积及空间的有效利用	25	
3. 进出货月台、办公室、集货区、包装区等合理规划	25	
4. 图形制作的精美度	10	
5. 表达的清晰度	10	
合计		

续表

实训 2　考核评分标准		
1. 库区内部动线设计的合理性	30	
2. 库区内的仓储面积有效利用	30	
3. 门卫、地磅、库区、主干道、消防道路、辅助维修车间、办公室、食堂等区域的规划	20	
4. 图形制作的精美度	10	
5. 表达的清晰度	10	
合计		

• 行企直通车

仓库标准化管理方案——以某物流企业为例

某物流企业为一家综合性物流服务提供商，公司秉承“以用户为中心，以需求为导向，以体验为根本”的产品设计思维，主要聚焦于快消、服装、家电家具、3C、生鲜等行业，为客户提供一体化供应链解决方案和物流服务，帮助客户优化存货管理、减少运营成本、高效优化资源配置，实现新的增长。该公司现有运营仓库150个以上，仓储总面积达30万m^2。在仓库运营过程中，普遍存在以下一些共性问题，如现有仓库基础管理退化、现场杂乱无章，储位规划缺失，造成货物短少、破损、过期等，从而影响作业效率和仓储管理现代化水平。

为进一步规范仓储管理，建立健全完善的仓储管理体系，按照“制度健全、规律有序、账务相符”的原则对仓库进行规范化管理，严格执行出入库手续，做好固定资产建账工作，定期进行盘点，对库房物品按物料种类、规格分区堆放整齐，健全相关制度，对出库相关物品统筹调配，本着“节约、节俭”的原则，教育相关人员在使用过程中爱护物资，确保物尽其用，有必要进行仓库标准化管理建设。实行标准化仓库建设与管理，可以准确提供存储物资信息，有利于支撑企业生产和辅助市场经营，是实现仓储服务和费用成本之间经济平衡的根本基础。

仓库标准化管理是做好物资保管工作的必备条件，是保证物资质量完好、数量准确、快收快发的重要手段。仓库标准化管理内容具体包括仓储库区布局、仓储配套设备设施以及装卸搬运、码放、保管、盘点、安全保卫、库区6S管理等一系列相关行为的标准化管理。

一、库区布局标准化管理内容

仓库库区的布局必须做到全面规划，因地因物制宜。应以“科学合理、节约适用、方便作业”为原则，仓库面积利用率不低于75%。按使用功能划分库内区域，以方便物资的收发操作和盘点保养；按经济节省的原则划分运输通道，人车分流，动线清晰化，以便高效使用仓储空间，保证物资的快速装卸、搬运和收发；按物资类别属性划分码放位置，尽可能提高物资的收发效率等。具体内容如下。（表1-5-1～表1-5-3）

（1）仓库布局合理，图牌配备齐全，警示及引导标记明显，统一制定VI标识，做到统一设计颜色、统一制作内容、统一悬挂标准，推行分区目视化管理和标识标线管理。

表1-5-1　颜色划分明细表（示例）

类别	收货区	存储区	包装区	不良品区	分拨作业区
库区颜色	黄色	蓝色	绿色	红色	橙色
标线标准	1. 库区标线宽100cm 2. 线体占用划线区域内场地				
应用场景	1. 库区标线颜色与之对应 2. 库区标识牌颜色主色调（巷道通道提示码、库区标识卡等）与之对应 3. 可出入库区员工衣服着色与之对应 4. 库区仓位挡板等文字主色调与分区主色调一致				

表1-5-2　区域人员工服颜色表（示例）

类别	出入库区	色调
管理岗	自有人员：全库区 非自有人员：工作区域	自有：紫色 非自有：库区颜色+紫色条纹
收货组	收货区	主色调：黄色
库内组	库内区 收货区	主色调：蓝色 箭条色：黄色
包装组	包装区	主色调：绿色
不良品组	不良品区	主色调：红色
分拨部	分拨区	主色调：橙色
装卸队	收货区	主色调：黄色
	发货区	主色调：橙色

表1-5-3　各种颜色地标线用途说明表（示例）

序号	胶带颜色	具体用途与标准说明
1	绿色线	步行通过通道线
2	橙色线	驱动液压中叉车作业区域标示线，行人需特别注意

续表

序号	胶带颜色	具体用途与标准说明
3	白色线	电动液压车充电区及驱动液压中叉车停放区域地标线 需要移走或临时存放的设备等物品需转移至白色地标线区域 待维修/故障设备、搬运工具存放区域
4	蓝色线	商品仓位放置、生产设备放置、台面地面固定位置标线
5	黄黑线	黄黑地标线区域内不允许放置任何其他物品造成阻碍
6	黄色线	清洁用品、办公用品、长期闲置工具等非生产工具存放处位置
7	红色线	消防和紧急情况处理设施存放地标线
8	红白线	用于传送带转变节点处区域的指示 其他属于禁止自由进出的区域，且不允许临时停留

（2）库区内环境整洁、道路通畅、标识明显，各项规章制度上墙张挂（岗位责任制、安全规定、作业流程等）；设立库区平面示意图，明示办公区、作业区、储存区、待收发货区等以及大小通道和方向指示。

（3）物资排列规范，做到库区有编号、货架有标牌，在每条巷道入口需要粘贴巷道标识，以方便操作人员快捷地找到对应货位。推行物品定位管理，根据物品属性、使用功能制定存储位置及标准，执行标准化管理。

（4）库区的布局应符合消防安全要求，有完整的经消防安全部门验收合格的防火、防盗、防水等安全设施，库房内严禁存放私人物品。

（5）库容库貌整洁，库区做到日清理、月清扫，制定清扫清洁制度，经常检查和维护库区环境。

二、配套设施设备标准化管理内容

仓储配套设备设施应根据存储物资的特性相应配备。具体内容如下。

（1）存储大型设备或器材，应配有吊装设备，以便于装卸搬运；存储有温控要求的物资，应配有符合安全要求的供暖装置，以保证物资质量的安全。

（2）仓储配套设备设施必须建立管理、使用、维修、保养制度。企业采购与物流部门应根据自有库区仓储规模的大小和分布情况，配备所需的设备，采取分级管理，由专人负责，确保设备的完好和储运业务的正常进行。

三、装卸与搬运标准化管理内容

物资进、出库的装卸、搬运、移动作业应根据实际情况使用人工或机械设备（包括吊车、叉车、铲车、自动升降机等）进行操作，大宗货物应采用统一规格的托盘货物装载方式。具体建设内容如下。

装卸作业时，现场工作人员必须按劳动作业安全防护标准着装，严格执行物资搬运、装卸、铲吊以及危险品防护操作规程，按照包装标志明示要求进行操作，搬运时要尽量保持物资水平状态，轻拿轻放，确保人身、物资和机具安全。装车的同时要考虑卸车的方便，装卸任务完成后要及时清扫现场，检查有无丢失的工具和物品。

四、物资码放标准化建设内容

物资码放要根据物资特性、自然因素、外部环境的要求，做到科学分类，合理码放，妥善保养。具体建设内容如下。

（1）专业化物资码放标准。

分类：不同品种、规格、型号的物资分开码放。

固定：码放稳定、不偏不倚、不歪不斜。

定量：码放单位（垛、层、行、包）力争整数，尽量采用五五式码垛法、托盘式码垛法，做到过目见数，检点方便。

整洁：码放成行成线、标志清晰、无杂物积尘。

方便：码放要易于搬运、装卸、检查、操作。

节约：节省库位、人力、物力、财力。

规矩：距墙0.3m、距地0.1m、距顶0.5m、垛距0.5m、架距0.6m、小作业通道0.8m、大作业通道1.5m、机械通道2.5m、排水畅通、垫物平实。

（2）物资的码放要面向通道，分层摆码，以方便物资在仓库内的移动、存放和取出，保证操作作业的安全性，防止物资在搬运、装卸过程中受损。

（3）仓库物资的排列走向应由左到右、由前到后，按顺时针方向摆放各类物资；相同类型不同规格的物资应由小到大，位牌所列物资应是上管下、左管右、前管后。

（4）包装标准化的物资宜码放在托盘或货架上，包装非标准化的物资应对应于其形状规则选择不同码放方式，或通过将其装入特殊的保管设备中使其在包装上标准化。

（5）物资码放必须防潮湿、通风，在码放物资时须使用衬垫材料（枕木、木板、钢板等）进行地面铺垫。对于露天存放的物资，应及时进行苫盖，以防止阳光、雨雪、风沙。尘土等对物资形成侵蚀、损害。

（6）物资存储位置必须设有标牌，明确标示物资的名称、规格、库区货位、计量单位、新旧程度、入库时间、供应商名称、保管人员等信息（专用物资注明使用方向），拴挂在货架上或摆放在货垛正面明显的位置，以方便物资的盘核、保养与发放。

（7）专项物资（拆旧物资、报废物资、暂存物资和防汛救灾物资）应依照其使用特性单独划分专区进行码放。

五、物资保管标准化管理内容

物资保管必须建立检验制度。物资检验包括外观质量检验和内在质量检验：外观质量检验包括包装检验、重量尺寸检验、标签标志检验、气味颜色、手感检验、开外包装检验等；内在质量检验包括对物资的物理结构、化学成分、使用功能等进行鉴定。一般情况下，仓储物资检验只对物资的品种、规格、数量、外包装状况进行直观检验。具体内容如下。

（1）专业化物资保管标准。

①存储物资实行账料分管和危险品严管制度，危险品和稀有贵重物资要设专人、专库严加保管，实时监控。

②按照物资分类管理要求，根据物资特性和存储数量，合理安排料场、料棚、库房进行保管，其中露天料场应设置遮蔽棚架。

③存储物资要做到管理科学化、作业标准化、保养经常化、库容整洁化。

④物资保管要做到按物资性质定库，按物资分类定区，按物资品种定架/列，按物资数额定位（库、区、架/列、位——四号定位）。

⑤经常检查和维护库区环境，确保物资无腐烂变质、无损坏丢失，库区无隐患、无杂物积尘、无鼠咬虫蛀；确保物资防潮、防冻、防压、防腐、防火、防盗（五无六防）。

⑥物资码放苫垫要合理、牢固、整洁、规矩、四周无杂物。

⑦库区自用设备、仪表、工具应有专人管理，建立备查簿，并做到经常维护、保养、核查。

（2）物资保管应按通用的计量标准执行，对不同物资采用不同的计量方式。为确保物资计量的准确性，应定期对计量器具进行校验。

（3）物资保管要定期进行库龄分析，实物发放遵循先进先出原则，防止因存放时间过长而导致物资发生减值（变质、损耗、老化、跌价等）。

（4）物资保管必须按物资类别建立实物台账，按照物资种类、制造商设立账页，内容包括：物资名称、物资类别（编码）、规格型号、计量单位、新旧程度、存放地点、日期、单据编号、案由、项目名称/编号、单价、入库数量、出库数量、结存数量、结存折算金额、制造商等信息。

（5）物资保管信息（库、区、架/列、位）发生变动，库管人员须及时将变动情况通知料账人员，以便料账人员及时调整物资分类明细账，保持账实记录物资信息的一致性。

（6）物资保管须做到日清点月清结，确保物资实物台账记录的数量、规格、质量与实物相符。库管人员必须对所管物资进行随时清点，及时记录清点结果；每月结账期库管人员要汇总物资当期动态总量，核算物资当期余量，并自行盘点实物进行核对；发生差异，须如实上报，不得擅自更改数据或撤换、销毁实物台账。

（7）未经批准禁止将保管物资擅自借出。总成物资，一律不准拆件零发。

六、盘点检查标准化管理内容

物资保管必须建立盘点检查制度，确保三清三符（三清：数量清、规格清、质量清；三符：财务账与物资分类明细账相符、物资分类明细账与物资实物台账相符、物资实物台账与实物相符）。物资的盘点检查分为月度盘查、季度盘查和年度盘查。具体内容如下。

（1）月度盘查可采用永续盘存制，由采购与物流部门物流负责人、料账人员和库管人员共同对物资进行实物数量盘点，并与实物台账核对，核对无误后，与物资分类明细账校对。盘查时还需检查物资质量、保管期限、保管条件、库容库貌，及计量器具是否准确无误、装卸机具是否完好、堆码苫垫是否符合规定。

（2）季度、年度盘查是由采购与物流部门组织，相关财务、审计、纪检监察等部门参与，共同对保管物资进行清点核查。

（3）物资盘点检查后须填写物资盘查表，物资盘查表（表1-5-4）包括：表单编号、盘查日期、物资类别（编码）、物资名称、规格型号、计量单位、账面数量、实盘数量、单价、盈亏数量、盈亏金额、库龄、存放地点、库管人员、料账人员、负责人等信息；盘查表一式三联，分别为仓库联、料账联、财务联。

（4）盘点检查过程中发现物资实物数量与实物台账和物资分类明细账记录数量不符、物资数量盈亏或存在变质损坏的，由库管人员按规定填写盈亏报告单（表1-5-5），详细注明盈亏原因，转料账人员报本部门主管领导，经相关审批手续后进行账务调整。盘查中发现的变质损坏物资，需单独存放，不得出库。

表1-5-4 物资盘查表（示例）

表单编号：　　　　　　　　　　　　　　　　盘查日期：

物资类别（编码）	物资名称	规格型号	计量单位	账面数量	实盘数量	单价	盈亏数量	盈亏金额	库龄	存放地点
合计										

第一联　仓库联

库管人员：　　　　　　　　　　料账人员：　　　　　　　　　　负责人：

表1-5-5 盈亏报告单（示例）

编号： 日期：

<table>
<tr><td>物资编码</td><td>物资名称</td><td>规格型号</td><td>计量单位</td><td>单价</td><td>盈亏数量</td><td>盈亏金额</td><td>盈亏原因</td><td>存放地点</td></tr>
<tr><td></td><td></td><td></td><td></td><td></td><td></td><td></td><td></td><td></td></tr>
<tr><td></td><td></td><td></td><td></td><td></td><td></td><td></td><td></td><td></td></tr>
<tr><td></td><td></td><td></td><td></td><td></td><td></td><td></td><td></td><td></td></tr>
<tr><td></td><td></td><td></td><td></td><td></td><td></td><td></td><td></td><td></td></tr>
<tr><td>合计</td><td></td><td></td><td></td><td></td><td></td><td></td><td></td><td></td></tr>
<tr><td colspan="9">主管领导意见：

负责人： 年 月 日</td></tr>
<tr><td colspan="9">财务部门意见：

负责人： 年 月 日</td></tr>
<tr><td colspan="9">上级主管部门意见：

负责人： 年 月 日</td></tr>
<tr><td colspan="9">财务主管部门意见：

负责人： 年 月 日</td></tr>
</table>

库管人员： 料账人员： 负责人：

七、安全保卫标准化管理内容

库区的安全保卫是物资安全存放的基本保障，库区必须建立安全防火责任制度、安全设施保管使用制度、车辆人员及物资进出仓库管理制度、保卫人员值班巡查制度，以防止盗窃、破坏、火灾、水灾及各种事故发生；同时，应配备齐全的适应物资特性的消防器具和防爆灯具及库区监视系统，明示严禁烟火和报警电话。具体内容如下。

（1）根据工作需要和季节变化，定期检查、维护库区防火、防盗、防汛设施，杜绝安全隐患。

（2）必须实行人员和物资进、出库登记制度，严格禁止无关人员擅自进入库区。物资出库时，必须查单验对，无出门凭证的物资禁止出库。

八、6S标准化管理内容

1. 6S标准化管理基本要求

（1）整理。区分用与不用的物品；区域划分并责任到人；梳理现场物资清单，点检现场实际使用物资并分类清除现场暂时未使用物资，分类、标识打包放置到规定位置；释放现场作业空间。

（2）整顿。三定原则：定点、定容、定量；规划空间和场所，按照规划摆放好每一样物品；标签管理、行迹管理、色彩识别、目视化建设。

（3）清扫。找出区域内的污染源；找出问题原因，并制定解决对策；制定清扫点检表；建立基准规范。

（4）安全。建立健全安检制度及进出库区要求并严格执行；巡检制度；货物安全；消防安全；财产安全；人身安全；设备安全。

（5）素养。对员工持续进行6S培训，目标100%；贯彻行为礼仪及着装要求；熟悉公司的有关规则、规定并考核；晨会宣导，下班总结，平时自主学习；习惯养成。

（6）清洁。制定抽检巡检制度；制定考核制度，及时进行奖惩，并公布各区域评比结果；问题整改并反馈；制度化、规范化。

2. 6S管理评判标准

6S评判标准等级如表1-5-6所示。

表1-5-6 6S评判标准等级表（示例）

等级	管理状态	管理基准	整理整顿	清扫清洁
5	维持清洁的状态	所有的标准都得到落实	很容易维持标准的状态	1. 人人主动参与、不让脏污出现 2. 地面/设备/工具/操作区维持清洁状态
4	1. 整理整顿达到完美水准 2. 清扫达到合格水准	1. 消耗品等有管理标准 2. 清扫标准得到落实 3. 制定了点检标准	1. 整顿行动（无杂乱）随处可见 2. 消耗品等数量一目了然	1. 初期清扫已着手，针对难清扫的地方已着手寻找原因及对策 2. 地面、墙壁、工具、操作台清洁
3	1. 整理整顿达到合格标准 2. 着手清扫	1. 三定原则 2. 制定清扫标准	1. 现场无不必要的物品 2. 物品按照规范放置 3. 所有的物品摆放均有标准	1. 开始着手初期清扫 2. 明确清扫对象/场所 3. 脏污逐渐减少
2	1. 有方针 2. 能看到在整理、整顿方面所付出的努力	1. 落实整理标准、整理规范 2. 完成清扫日程安排	1. 明确整理整顿的对象场所 2. 明确责任者 3. 明确必要/不必要物品 4. 落实整顿部分 5. 放置场所有不明物品	1. 桌面、工具、地面已进行事后的清扫 2. 桌面、通道、操作台等无垃圾、粉尘等
1	1. 无管理 2. 无秩序	1. 无管理基准 2. 形式化、陈腐化	1. 必要/不必要物品混乱放置 2. 物品放在放置区以外的地方 3. 未标示或各式样不统一	1. 地面有垃圾、灰尘等 2. 操作区内放有不必要物品

补充阅读

由中国仓储与配送协会组织起草的国家标准《通用仓库等级》(GB/T 21072—2021)，已由中国国家标准化管理委员会批准公布，并于2022年6月1日起实施。《通用仓库等级》主要从仓库设施设备条件、运营管理水平、信息化水平、人员素质等四个方面对不同等级的仓库提出划分条件，将通用仓库划分为一星至五星五个等级。《通用仓库等级》的实施，一方面为货主企业选择不同等级的仓库提供了依据，节省了考察与交易成本；另一方面为仓储(物流)企业提高仓库的技术条件与管理水平提供了目标，有利于仓储服务的优质优价，对于提高我国仓储业发展的整体水平具有重大意义，感兴趣的同学可自行查阅。

项目测试

一、单项选择题

1. 下面仓储种类中按仓储对象划分的是(　　)。

A. 普通物品仓储　　B. 储存仓储　　C. 物流中心仓储　　D. 保税仓储

2. 无人搬运车(AGV)属于(　　)。

A. 装卸堆垛设备　　B. 搬运传送设备　　C. 分拣设备　　D. 保管养护设备

3. 平衡式叉车是目前使用最为广泛的一种类型，大概占使用总量的(　　)。

A. 60%　　B. 75%　　C. 80%　　D. 90%

4. 货品从进入分拣系统直至传送到指定的分配位置为止，都是依照指令靠自动装置来完成分拣作业的一种分拣方式是(　　)。

A. 人工拣选法　　B. 分类拣选法　　C. 机械拣选法　　D. 自动拣选法

5. 下列关于叉车特点描述正确的是(　　)。

A. 机动灵活性较差

B. 可以“一机多用”

C. 成本低、投资少，所以获得经济效果也较差

D. 堆码高度一般，提高仓库容积的能力有限

6. 在托盘的分类中，(　　)使用范围最广、利用数量最大、通用性最好。

A. 平托盘　　B. 柱式托盘　　C. 轮式托盘　　D. 箱式托盘

7. 位于仓库一切管理工作首位的是(　　)。

A. 安全　　B. 财务　　C. 人事　　D. 教育

8. 自动化立体库可以大幅度向高空发展，仓库高度最高可达(　　)m。

A. 40　　B. 50　　C. 55　　D. 45

9. 下列哪种车型(　　)适合运输货值较高，或对车辆有较高要求的货物。

A. 高护栏车　　B. 平板车　　C. 普通运输车　　D. 全封闭车

10. 该类叉车有两条前伸的支腿，两前支轮较大，支腿较高，叉取货物时，支腿不叉入托盘下边，而是货叉和门架一起前移，叉入托盘或货物底下。这类叉车指的是（　　）。

A. 平衡重式叉车　　B. 电动托盘叉车　　C. 前移式叉车　　D. 电动托盘搬运车

11. 下列措施中实现了储运业务省力化的是（　　）。

A. 物料堆置向高空发展降低仓储成本　　B. 用货架托盘和可移动货架存储物料

C. JIT的仓储管理　　D. ABC管理法

12. 有20t钢材即将从火车上卸下放在露天货场堆垛，仓管员应该选择的垫垛方式是（　　）。

A. 压缝式　　B. 垫木式　　C. 纵横交错式　　D. 防潮纸式

二、多项选择题

1. 仓储的功能包括（　　）。

A. 储存　　B. 保管　　C. 整合　　D. 加工

2. 以下做法遵循装卸搬运原则的是（　　）。

A. 搬运作业时，按照实际工作情况实施，不必拘泥搬运计划

B. 搬运时认真负责，以免货物丢失

C. 不能野蛮装卸，轻拿轻放，保证货物不损坏

D. 搬运的货物中有过期的也一并入库

3. 小王将上下午货物一起合并入库，为了尽快完成，在装卸时踩踏、抛甩、翻滚、拖拽货物。结果货物发生破损，自己也被砸伤。小王在装卸搬运中违反的原则是（　　）。

A. 搬运的时效性　　B. 搬运安全　　C. 搬运设备　　D. 搬运质量

4. 下列指标属于仓储部门经济技术指标的是（　　）。

A. 储存数量　　B. 储存质量　　C. 储存效率　　D. 经济性与安全性

5. 仓储设备按照不同的用途，可以分为（　　）。

A. 装卸搬运分拣设备　　B. 保管养护设备

C. 计量检验设备　　D. 通风、照明、保暖设备

E. 消防设备

6. 自动化分拣系统主要包括（　　）。

A. 控制装置　　B. 分类装置　　C. 输送装置　　D. 分拣道口

7. 配送中心选址的原则主要有（　　）。

A. 适应性原则　　B. 协调性原则　　C. 经济性原则　　D. 战略性原则

8. 装卸堆垛设备主要有（　　）。

A. 起重机　　B. 堆垛机　　C. 叉车　　D. 托盘

9. 托盘的标准化，主要有以下几种尺寸（　　）。

A. 800mm × 1000mm　　B. 800mm × 1200mm

C. 1000mm × 1200mm　　D. 800mm × 800mm

10．以下描述属于库存作用的有（　　）。

A．库存具有化解不确定因素的作用　　B．库存可以缓解供需矛盾

C．库存消除消费者的等待时间　　D．库存增加，降低了储存成本

11．托盘式货架除了结构简单，可以调整组合、安装简易，费用经济的特点外，还具有的特点是（　　）。

A．出入库受到先后顺序的限制，不能做到先进先出

B．仓容利用率高

C．适用于叉车存取

D．储存形态为托盘装载货物，实现机械化存取作业

三、判断题

1．现代物流观念中，仓库被看作是一种存储设施，仅仅担负着存储产品的功能，它增加了整个产品的配送成本，并产生了额外的仓库作业成本。（　　）

2．叉车可以进行短途运输。（　　）

3．仓储的对象既可以是生产资料，也可以是生活资料，但必须是实物动产。（　　）

4．金属制托盘的主要优点是具有很好的承载性、牢固性和表面抗侵蚀性。（　　）

5．自动化立体仓库中，搬运输送设备是其“中枢神经”，它可以指挥与协调各项设备正常运行。（　　）

6．仓储是物流系统最主要的核心功能。（　　）

7．一般情况下，配送中心的通道设置采用“双向行驶、分门出入”的原则，以保证各作业区井然有序。（　　）

项目二　仓储作业管理与实务

项目导学

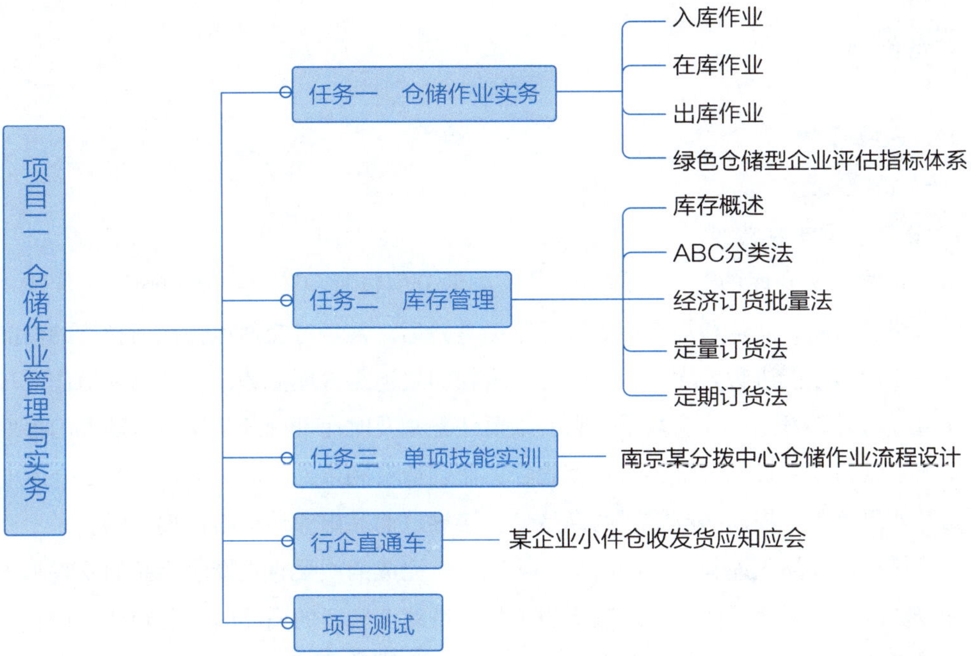

学习任务

任务一　仓储作业实务

学习目标

1. 掌握仓库入库、在库和出库的基本作业流程
2. 能够按照流程进行相关仓储订单处理
3. 能够根据要求检验货物
4. 能够根据货物的性能选择适当的堆码方式
5. 培养学生的深度思考和有效解决问题的能力

任务导入

某物流公司是一家国有大型物流企业，主营业务为仓储、运输、配送和项目物流等，经营范围覆盖全国大部分地区。目前，该公司在南京设立了一个物流中心，主要开展普通商品（不涉及易燃易爆危险品、有毒货品以及生鲜货品等特殊货物）的存储、保管、装卸搬运、流通加工、长途干线运输等业务。

思考与讨论：该物流公司仓储作业的流程主要有哪些？

任务实施

一、入库作业

（一）货物接运

1. 货物接运的意义

由于货物到达仓库的形式不同，除了一小部分由供货单位直接运到仓库交货外，大部分要经过铁路、公路、航运和短途运输等运输工具转运。凡经过交通运输部门转运的商品都必须经过仓库接运后才能进行入库验收。因此，货物的接运是入库业务流程的第一道作业环节，也是仓库直接与外部发生的经济联系。它的主要任务是及时而准确地从交通运输部门提取入库货物，要求手续清楚、责任分明，为仓库验收工作创造有利条件。因为接运工作是仓库业务活动的开始，如果接收了损坏的或错误的商品将直接导致商品出库装运时出现差错。

商品接运是商品入库和保管的前提，接运工作完成的质量直接影响商品的验收和入库后的保管保养。因此，在接运由交通运输部门（包括铁路）转运的商品时，必须认真检查、分清责任、取得必要的证件，避免将一些在运输过程中或运输前就已经损坏的商品带入仓库，造成验收中责任难分的局面和增加保管工作中的困难或损失。

做好商品接运业务管理的主要意义在于防止把在运输过程中或运输之前的商品损害和各种差错带入仓库，减少或避免经济损失，为验收和保管、保养创造良好的条件。

2. 接运的主要方式

（1）提货。

①到车站、码头提货。这是由外地托运单位委托铁路、水运、民航等运输部门或邮局代运或邮递货物到达本埠车站、码头、民航站、邮局后，仓库依据通知单派车提运货物的作业活动。此外，在接受货主的委托，代理完成提货、末端送货的活动的情况下也会发生到车站、码头提货的作业活动。这种到货提运形式大多是零担托运，到货批量较小的货物。

对所提取的商品，提货人员应了解其品名、型号、特性和一般保管知识以及装卸搬运注意事项等，在提货前应做好接运货物的准备工作，如装卸运输工具、腾出存放商品的场地等。提货人员在到货前应主动了解到货时间和交货情况，根据到货多少组织装卸人员、机具和车辆，按时前往提货。

提货时应根据运单以及有关资料详细核对品名、规格、数量，并要注意商品外观，查看包装、封印是否完好，有无沾污、受潮、水渍、油渍等异状。若有疑点或不符时应当场要求运输部门检查。对短缺损坏情况，凡属于运输部门方面责任的应做出商务记录，属于其他方面责任需要运输部门证明的应做出普通记录，由运输员签字，注意记录内容与实际情况要相符。在短途运输中要做到不混乱，避免碰坏损失。危险品应按照危险品搬运规定办理。

商品到站后，提货员应与保管员密切配合，尽量做到提货、运输、验收、入库、堆码一条龙作业，从而缩短入库验收时间，并办理内部交接手续。

②到供货单位提货。这是仓库受货主的委托直接到供货单位提货的一种形式，其作业内容和程序主要是当仓库接到提货通知单后，做好一切提货准备，并将提货与物资的初步验收工作结合在一起进行。最好在供货人员在场的情况下当场进行验收。因此，接运人员要按照验收注意事项提货，必要时可由验收人员参与提货。

（2）到货。

①送货到库的到货。送货到库是指供货单位或其委托的承运单位将商品直接运送到仓库的一种到货形式。当商品到达仓库后，接货人员及验收人员应直接与送货人员办理接货验收手续，检查外包装、清点数量，做好验收记录。如有质量和数量问题，应该会同送货人查实，并由送货人出具书面证明、签章并确认，以留作处理问题的依据。

②运输专用线到货。接到专用线到货通知后应立即确定卸货货位，力求缩短场内搬运距离。组织好卸车所需要的机械、人员以及有关资料，做好卸车准备。

运输车辆到达后，引导对位，进行检查。查看车辆封闭情况是否良好（即车厢、车窗、铅封、苫布等有无异状）；根据运单和有关资料核对到货品名、规格、标志和清点件数；检查包装是否有损坏或有无散包；检查是否有进水、受潮或其他损坏现象。在检查中发现异常情况应请货运部门派员复查，做出普通或商务记录，记录内容应与实际情况相符，以便交涉。

卸车时要注意为商品验收和入库保管提供便利条件，分清车号、品名、规格，不混不乱；保证包装完好，不碰坏，不压伤，更不得自行打开包装；应根据商品的性质合理堆放，以免混淆。卸车后在商品上应标明车号和卸车日期。同时，编制卸车记录，记明卸车货位规格、数量，连同有关证件和资料，尽快向保管员交代清楚，办好内部交接手续。

（二）入库验收

货物到库后，仓库收货人员首先要检查货物入库凭证，根据入库凭证开列的收货单位和货物名称与送交的货物内容和标记进行核对，然后才可以与送货人员办理交接手续。如果在以上工序中无异常情况出现，收货人员在送货回单上盖章表示货物收讫；如发现有异常情况，必须在送货单上详细注明并由送货人员签字，或由送货人员出具差错、异常情况记录等书面材料，作为事后处理的依据。

凡商品进入仓库储存必须经过检查验收，只有验收后的商品方可入库保管。货物入库验收是仓库把好“三关”（入库、保管、出库）的第一关。抓好货物入库质量关能防止劣质商品流入流通领域，划清仓库与生产部门、运输部门以及供销部门的责任界限，也为货物在库场中的保管提供第一手资料。

1．商品验收的基本要求

（1）及时。到库商品必须在规定的期限内完成验收入库工作。这是因为商品虽然到库，但未经过验收的商品没有入账，不算入库，不能供应给用料单位。只有及时验收，尽快提出检验报告才能保证商品尽快入库入账，满足用料单位的需求，加快商品和资金的周转。同时商品的托收承付和索赔都有一定的期限，如果验收时发现商品不合规定要求，要提出退货、换货或赔偿等请求，均应在规定的期限内提出。否则，供方或责任方不再承担责任，银行也将办理拒付手续。

（2）准确。验收应以商品入库凭证为依据，准确地查验入库货物的实际数量和质量状况，并通过书面材料准确地反映出来。做到货、账、卡相符，提高账货相符率，降低收货差错率，提高企业的经济效益。

（3）严格。仓库的各方都要严肃认真地对待商品验收工作。验收工作的好坏直接关系到企业的利益，也关系到以后各项仓储业务的顺利开展。因此，仓库领导应高度重视验收工作，直接参与验收人员要以高度负责的精神来对待这项工作，明确每批商品验收的要求和方法，并严格按照仓库验收入库的业务操作程序办事。

（4）经济。商品在验收时，多数情况下，不但需要检验设备和验收人员，而且需要装卸搬运机具和设备以及相应工种工人配合。这就要求各工种密切协作，合理组织调配人员与设备，以节省作业费用。此外在验收工作中，尽可能保护原包装、减少或避免破坏性试验也是提高作业经济效益的有效手段。

2．商品验收的程序

商品验收包括验收准备、核对凭证、检验货物、验收中发现问题的处理。

（1）验收准备。验收准备是货物入库验收的第一道程序。仓库接到到货通知后，应根据商品的性质和批量提前做好验收的准备工作，包括以下内容。

①全面了解验收货物的性能、特点和数量，根据其需求确定存放地点、垛形和保管方法。

②准备堆码苫垫所需材料和装卸搬运机械、设备及人力，以便使验收后的货物能及时入库保管存放，减少货物停顿时间；若是危险品则需要准备防护设施。

③准备相应的检验工具并做好事前检查，以便保证验收数量的准确性和质量的可靠性。

④收集和熟悉验收凭证及有关资料。

⑤进口货物或上级业务主管部门指定需要检验质量的货物，应通知有关检验部门会同验收。

（2）核对凭证。入库商品须具备以下凭证。

货主提供的入库通知单和订货合同副本，这是仓库接收商品的凭证。

供货单位提供的验收凭证，包括材质证明书、装箱单、磅码单、发货明细表、说明书、保修卡及合格证等。

承运单位提供的运输单证，包括提货通知单和登记货物残损情况的货运记录、普通记录以及公路运输交接单等，作为向责任方进行交涉的依据。

核对凭证就是将上述凭证加以整理后全面核对。入库通知单、订货合同副本要与供货单位提供的所有凭证逐一核对，相符后才可以进入下一步的实物检验。如果发现有证件不齐或不符等情况，要与货主、供货单位及承运单位和有关业务部门及时联系解决。

（3）检验货物。检验货物是仓储业务中的一个重要环节，包括检验数量、检验外观质量等方面的内容，即复核货物数量是否与入库凭证相符、货物质量是否符合规定的要求、货物包装能否保证在储存和运输过程中的安全等。

①数量检验。数量检验是保证货物数量准确不可缺少的措施，要求货物入库时一次进行完毕，一般在质量验收之前由仓库保管职能机构组织进行。按商品性质和包装情况，数量检验分为3种形式，即计件、检斤和检尺求积。凡是经过数量检验的商品都应该填写磅码单。

a．计件法

计件法是按件数供货或以件数为计量单位的商品在进行数量验收时的清点件数。计件商品应全部清查件数（带有附件和成套的机电设备须清查主件、附件、零件和工具等）。固定包装的小件商品，如包装完好、打开包装对保管不利，以国内流转货物为例则可采用抽验法，按一定比例开箱点件验收，可抽验内包装5%~15%，其余只检查外包装，不拆包检查。贵重商品应酌情提高检验比例或全部检验。进口商品则按合同或惯例办理。

b．检斤法

检斤法是对按重量供货或以重量为计量单位的商品进行数量验收时的称重。商品的重量一般有毛重、皮重、净重之分。毛重是指商品重量包括包装重量在内的实重；净重是指商品本身的重量，即毛重减去皮重。通常所说的商品重量多是指商品的净重。按理论换算重量供应的商品，如金属材料中的板材、型材等，先要通过检斤，然后按规定的换算方法换算成重量验收。对于进口商品，原则上应全部检斤，但如果订货合同规定按理论换算重量交货，则按合同规定办理。金属材料、某些化工产品多是检斤验收。

c．检尺求积法

检尺求积法是对以体积为计量单位的商品，如木材、竹材、沙石等，先检尺，后求体积所做的数量验收。

②质量检验。质量检验一般与数量验收同时进行，包括外观质量检验和内在质量检验。

a．外观质量检验

外观质量检验包括外表质量检验、包装检验及尺寸精度检验。

外表质量检验：外表质量检验是指通过人的感觉器官检查商品外观质量，主要检查货物的自然属性是否因物理及化学反应而造成表面的改变，是否受潮、沾污、腐蚀、霉烂等；检查商品包装的牢固程度；检查商品有无损伤，如撞击、变形、破碎等。对外观检验有严重缺陷的商品要单独存放，防止混杂，等待处理。凡经过外观检验的商品都应该填写《检验记录单》。

包装检验：物资包装的好坏直接关系着物资的安全储存和运输，所以对物资的包装要进行严格验收。凡是产品合同对包装有具体规定的都要严格按规定验收，如箱板的厚度，纸箱、麻包的质量等。对于包装的干潮程度，一般是用眼看、手摸等方法进行检查验收。

尺寸精度检验：商品的尺寸精度检验由仓库的技术管理职能机构组织进行。进行尺寸精度检验的商品主要是金属材料中的型材、部分机电产品和少数建筑材料。不同型材的尺寸检验各有特点，如椭圆形型材主要检验直径和圆度，管材主要检验壁厚和内径，板材主要检验厚度及其均匀度等。对部分机电产品的检验一般请用料单位派员进行。尺寸精度检验是一项技术性强、很费时间的工作，全部检验的工作量大，并且有些产品质量的特征只有通过破坏性的检验才能测到，所以一般采用抽验的方式进行。

b. 内在质量检验

内在质量检验是对货物的内容进行检验，包括物理结构、化学成分、使用功能等进行鉴定。内在质量检验由专业技术检验单位进行，经检验后出具检验报告说明货物质量。

仓库一般只做外观质量检验，内在质量检验如果有必要，则由仓库委托专门检验机构或部门检验。仓库外观质量检验一般采用的方法为感官检验，具体包括视觉检验、听觉检验、触觉检验和嗅觉、味觉检验。

③商品验收方式。商品验收方式分为全检和抽检，在进行数量和外观验收时一般要求全检。在质量验收时，当批量小、规格复杂、包装不整齐或要求严格验收时可以采用全检。全检需要大量的人力、物力和时间，但是可以保证验收的质量。当批量大、规格和包装整齐、存货单位的信誉较高或验收条件有限的情况下，通常采用抽检的方式。商品验收方式和有关程序应该由存货方和保留方共同协商，并通过协议在合同中加以明确规定。

（4）验收中发现问题的处理。在物品验收过程中，如果发现物品数量或质量存在问题，应该严格按照有关制度进行处理。验收过程中发现的数量和质量问题可能发生在各个流通环节，可能是由于供货方或交通运输部门或收货方本身的工作造成的。按照有关规章制度对问题进行处理，有利于分清各方的责任，并促使有关责任部门吸取教训，改进今后的工作。对验收过程发现的问题进行处理时应该注意以下几个方面。

①在物品入库凭证未到齐之前不得正式验收，如果入库凭证不齐或不符，仓库有权拒绝验收或暂时存放，待凭证到齐再验收入库。

②发现物品数量或质量不符合规定，要会同有关人员当场做出详细记录，交接双方应在记录上签字；如果是交货方的问题，仓库应该拒绝接收；如果是运输部门的问题就应该提出索赔。

③在数量验收中，计件物品应及时验收，发现问题要按规定的手续在规定的期限内向有关部门提出索赔要求。否则超过索赔期限，责任部门对形成的损失将不予负责。

（三）入库交接

入库物品经过点数、查验之后，可以安排卸货、入库堆码，表示仓库接受物品。在卸货、搬运、堆垛作业完毕后与送货人办理交接手续，建立仓库台账并归档。

1. 交接手续的办理

交接手续是指仓库对收到的物品向送货人进行的确认，表示已接受物品。办理完交接手续意味着划分清运输、送货部门和仓库的责任。完整的交接手续包括以下几项。

①接受物品。仓库通过理货、查验物品，将不良物品剔出、退回或者编制残损单证等明确责任，确定收到物品的确切数量、物品表面状态良好。

②接受文件。接受送货人送交的物品资料、运输的货运记录、普通记录等，以及随货的在运输单证上注明的相应文件，如图纸、准运证等。

③签署单证。仓库与送货人或承运人共同在送货人交来的送货单、交接清单（表2-1-1）上签署和批注，并留存相应单证。提供相应的入库、查验、理货、残损单证、事故报告由送货人或承运人签署。

表2-1-1 到货交接单

收货人	发站	发货人	品名	标记	单位	件数	重量	号车	运单号	货位	合同号
备注											

送货人　　　　接收人　　　　经办人

2. 登账建档

（1）登账。登账是指货物查验完，仓库根据查验情况制作入库单，详细记录入库货物的实际情况。对短少、破损等要注明。登账的主要内容有：物品名称、规格、数量、件数、累计数或结存数、存货人或提货人、批次、货位号、接货经办人等信息。

（2）建档。建档就是将物资入库作业全过程的有关资料证件进行整理、核对，建立资料档案，以便物资保管和与客户保持联系，并为将来发生争议时提供凭据。同时也有助于积累仓库管理经验，提高仓管人员的业务素质。

存货档案应该一货一档设置，将该货位入库、保管和缴付的相应凭证、报表、记录、作业安排、资料等的原件或者附件、复印件存档。存货档案应该统一编号、妥善保管，长期保存。存货档案在入库时需要留存的内容主要包括诸如货物的各种技术资料、合格证、装箱单、质量标准、送货单、发货清单等；货物运输单据、普通记录、货运记录、残损记录、装载图等；入库通知单、验收记录、磅码单、技术检验报告等。

二、在库作业

物资经验收合格入库后，就进入了物资在库作业。物资在库作业是对物资进行清理的同时采取合理的堆码方式，以确保物资数量无误和在库期间的质量完好。

（一）理货

在对商品进行堆码前，应先对商品进行整理，确保商品达到以下要求。

①商品的数量、质量已彻底查清。

②商品包装完好，标识清楚。

③外表的沾污、尘土、雨雪等已清除，不影响商品质量。

④对受潮、锈蚀以及已发生某些变质或质量不合格的部分，已经加工恢复或者已剔除另行处理，与合格品不相混杂。

⑤为便于机械化操作，金属材料等该打捆的已经打捆，机电产品和仪器仪表等可集中装箱的已装入适用的包装箱。

（二）堆码作业

物品堆码是指根据物品的包装、外形、性质、特点、种类和数量，结合季节和气候情况，以及储存时间的长短，将物品按一定的规律码成各种形状的货垛。合理堆码能保证物资的完好，提高仓容的利用率，便于对物品进行维护、盘点等管理。

1．堆码的基本原则

（1）分类存放。分类存放是仓库储存规划的基本要求，是保证物品质量的重要手段，因此也是堆码需要遵循的基本原则，如下所示。

①不同类别的物品分类存放，甚至需要分区分库存放。

②不同规格、不同批次的物品也要分位、分堆存放。

③残损物品要与原货分开。

④对于需要分拣的物品，在分拣之后应分位存放，以免混串。此外，分类存放还包括不同流向物品、不同经营方式物品的分类分存。

（2）选择适当的搬运活性。为了减少作业时间、次数，提高仓库物流速度，应该根据物品作业的要求合理选择物品的搬运活性。对搬运活性高的入库存放物品也应注意摆放整齐，以免堵塞通道、浪费仓容。

（3）面向通道，不围不堵。货垛以及存放物品的正面尽可能面向通道，以便查看。另外，所有物品的货垛、货位都应有一面与通道相连，处在通道旁，以便能对物品进行直接作业。只有在所有的货位都与通道相通时才能保证不围不堵。

（4）尽可能向高处码放。为充分利用仓容，存放的货物要尽可能码高，使货物占用地面面积尽可能少，包括采用堆码堆高和使用货架存放。在码高时要注意货垛的稳定，只有在稳定的情况下才能码高。同时为保护货物还要考虑可承受的压力。

（5）根据出入库频率选定货位。出入库频率高的货物应放在靠近出入口、易于作业的地方；出入库频率低的货物放在距离出入口稍远的地方。

（6）重下轻上。当货物叠放堆码时，应将重的货物放在下面，轻的货物放在上面。

（7）便于点数。每垛货物按一定的数量存放，如按5或5的倍数存放，方便清点计数。

（8）依据货物的形状安排堆码。具体方法如长条形货物就以货物的长度作为货垛的长度。

2．搬运活性指数

所谓物流装卸搬运活性，是指对装卸作业中的物料进行装卸的难易程度，所以，在堆放货物时，事先要考虑到物料装卸搬运作业的方便性。

物料装卸搬运的活性，根据物料所处的状态，即物料装卸搬运的难易程度，可分为不同级别的活性指数。

0级：物料杂乱地堆在地面的状态。

1级：物料装箱或经捆扎后的状态。

2级：箱子或捆扎后的物料，下面放有枕木或其他衬垫后，便于叉车或其他机械作业的状态。

3级：物料被放于台车上或用起重机吊钩钩住，即刻移动的状态。

4级：被装卸搬运的物料，已经被启动，直接作业的状态。

3. 货物堆码方式

（1）散堆方式。散堆方式适用于露天存放的没有包装的大宗物品，如煤炭、矿石等，也可用于库内少量存放的谷物、碎料等散装物品。

散堆方式是直接用堆场机或者铲车在确定的货位后端起，直接将物品堆高，在达到预定的货垛高度时，逐步后推堆货，后端先形成立体梯形，最后成垛。由于散货具有流动、散落性，堆货时不能堆到太近垛位四边，以免散落使物品超出预定的货位。

（2）堆垛方式。对于有包装的物品（如箱、桶），包括裸装的计件物品，采取堆垛的方式储存。堆垛方式储存能够充分利用仓容，做到仓库内整齐，方便作业和保管。物品的堆码方式主要取决于物品本身的性质、形状、体积、包装等。一般情况下多采取平放，使重心最低，最大接触面向下，易于堆码，稳定牢固。

常见的堆垛方式包括重叠式、纵横交错式、仰伏相间式、压缝式、通风式、栽柱式、衬垫式等。

①重叠式。重叠式也称直堆法，是逐件、逐层向上重叠堆码，一件压一件的堆码方式。为了保证货垛稳定性，在一定层数后改变方向继续向上，或者长宽各减少一件继续向上堆放。该方法方便作业、计数，但稳定性较差。适用于袋装、箱装、箩筐装物品，以及平板、片式物品等，如图2–1–1所示。

②纵横交错式。纵横交错式是指每层物品都改变方向向上堆放（图2–1–2），适用于管材、捆装、长箱装物品等。该方法较为稳定，但操作不便。

③仰伏相间式。对上下两面有大小差别或凹凸的物品，如槽钢、钢轨等，将物品仰放一层，再反面伏放一层，仰伏相向相扣（图2–1–3）。该垛极为稳定，但操作不便。

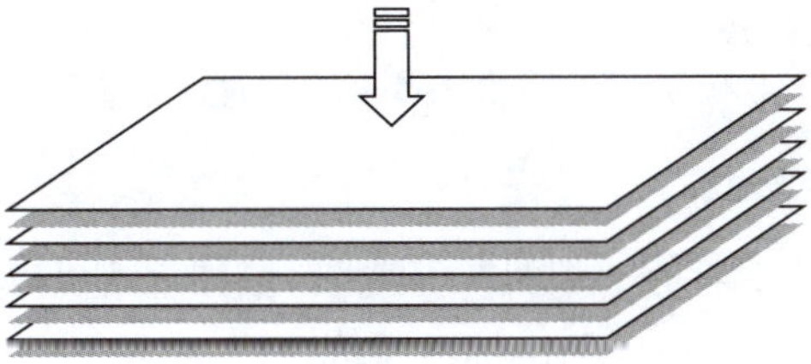

图2–1–1 重叠式堆码

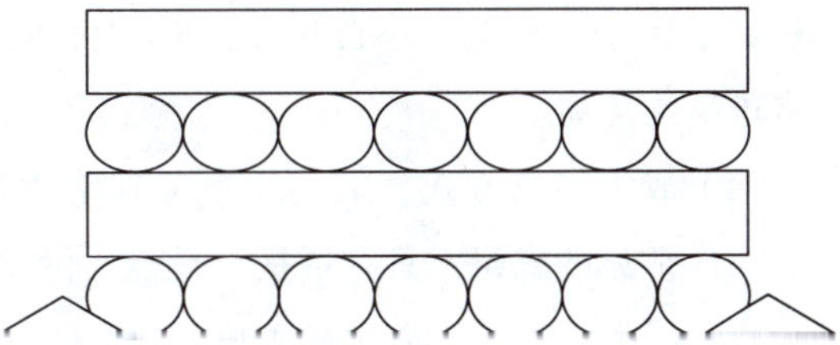

图2–1–2 纵横交错式堆码

④压缝式。将底层并排摆放，上层放在下层的两件物品之间，如图2-1-4所示。

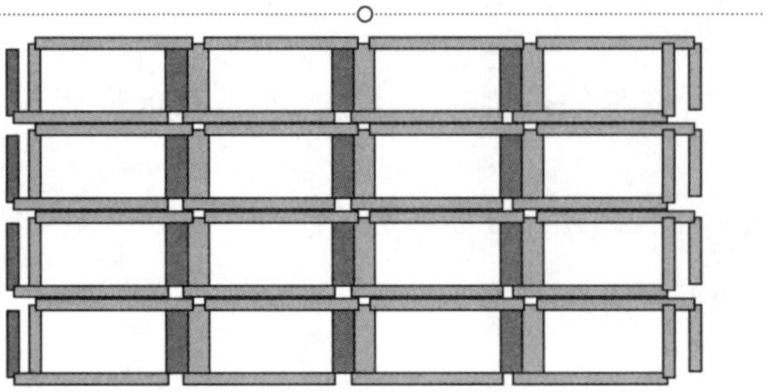

图2-1-3　仰伏相间式堆码

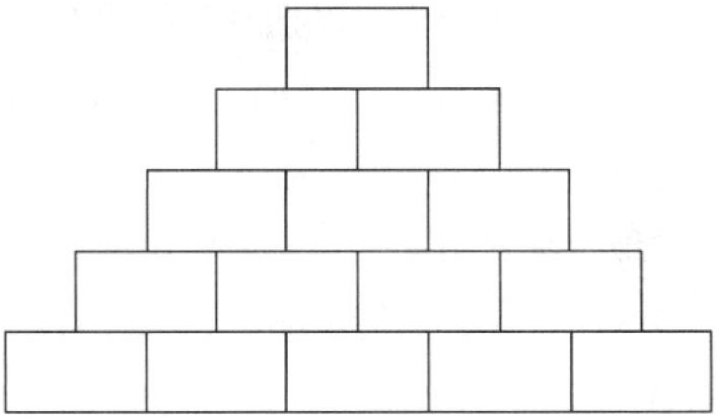

图2-1-4　压缝式堆码

⑤通风式。物品在堆码时，任意两件相邻的物品之间都留有空隙，以便通风。层与层之间采用压缝式或者纵横交错式（图2-1-5）。通风式堆码可以用于所有箱装、桶装以及裸装物品堆码，起到通风防潮、散湿散热的作用。

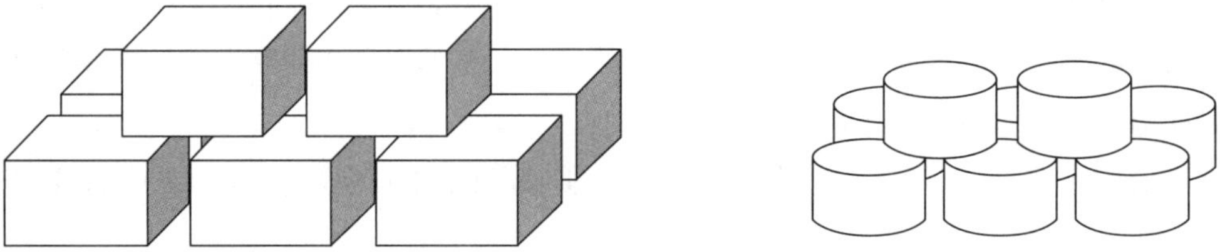

图2-1-5　通风式堆码

⑥栽柱式。码放物品前先在堆垛两侧栽上木桩或者铁棒，然后将物品平码在桩柱之间，用铁丝将相对两边的桩柱拴连，再往上摆放物品（图2-1-6）。此法适用于棒材、管材等长条状物品。

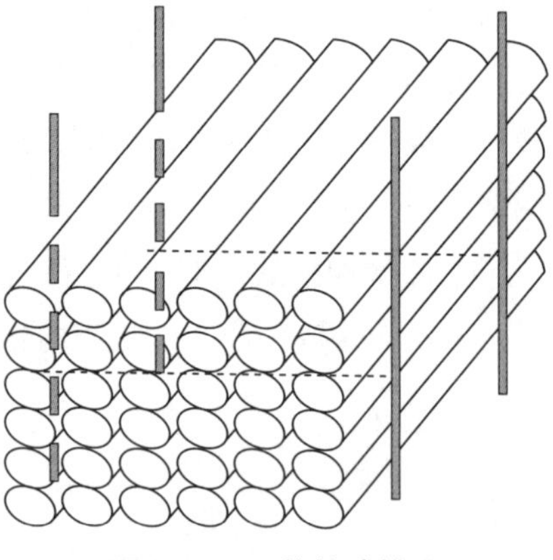

图2-1-6　栽柱式堆码

⑦衬垫式。码垛时，隔层或隔几层铺放衬垫物，衬垫物平整牢靠后，再往上码。适用于不规则且较重的物品，如无包装电机、水泵等。

（3）货架方式。采用通用或者专用的货架进行货架堆码，适用于小五金、小百货、交电零件等小件商品或不宜堆高的货物。

（4）成组堆码方式。采用成组工具使货物的堆存单元扩大。常见的成组工具有货板、托盘、网格等。成组堆垛一般每垛3~4层，这种方式可以提高仓容利用率，实现货物的安全搬运和堆存，提高劳动效率，加快货物周转。

4. 货垛“五距”要求

货垛“五距”应符合安全规范要求。货垛的“五距”指的是垛距、墙距、柱距、顶距和灯距。堆垛货垛时，不能依墙、靠柱、碰顶、贴灯，不能紧挨旁边的货垛，必须留有一定的间距。无论采用哪一种垛型，房内必须留出相应的走道，方便商品的进出和消防用途。

（1）垛距。货垛与货垛之间的必要距离称为垛距，常以支道作为垛距。垛距能方便存取作业，起通风、散热的作用，方便消防工作。库房垛距一般为0.3~0.5m，货场垛一般不少于0.5m。

（2）墙距。为了防止库房墙壁和货场围墙上的潮气对商品的影响，也为了散热通风、消防工作、建筑安全、收发作业，货垛必须留有墙距。墙距可分为库房墙距和货场墙距，其中，库房墙距又分为内墙距和外墙距：内墙距是指货物离没有窗户墙体的距离，此处潮气相对少些，一般距离为0.1~0.3m；外墙距是指货物离有窗户墙体的距离，这里湿度相对大些，一般距离为0.1~0.5m。

（3）柱距。为了防止库房柱子的潮气影响货物，也为了保护仓库建筑物的安全，必须留有柱距。柱距一般为0.1~0.3m。

（4）顶距。货垛堆放的最大高度与库房、货棚屋顶横梁间的距离称为顶距。顶距能便于装卸搬运作业，能通风散热，有利于消防工作，有利于收发、查点。顶距一般为0.5~0.9m，具体视情况而定。

（5）灯距。货垛与照明灯之间的必要距离称为灯距。为了确保储存商品的安全，防止照明灯发出的热量引起靠近商品燃烧而发生火灾，货垛必须留有足够的安全灯距。灯距按规定应有不少于0.5m的安全距离。

（三）垫垛和苫盖

1. 垫垛

垫垛是指在货物码垛前，在预定的地面货位位置，使用衬垫材料进行铺垫。常见的垫垛物有枕木、废钢轨、货架板、木板、钢板、芦席等。

垫垛的主要目的有：①使地面平整；②使堆垛货物与地面隔开，防止地面潮气和积水浸湿货物；③通过强度较大的衬垫物使重物的压力分散，避免损害地坪；④使地面杂物、尘土与货物隔开；⑤形成垛底通风层，有利于货垛通风排湿；⑥使货物的泄漏物留存在衬垫之内，防止流动扩散，以便于收集和处理。

垫垛的基本要求：①所使用的衬垫物与拟存货物不会发生不良影响，并具有足够的抗压强度；②地面要平整坚实、衬垫物要摆放平整，并保持同一方向；③衬垫物间距适当，直接接触货物的衬垫面积与货垛底面积相同，衬垫物不伸出货垛外；④要有足够的高度，露天堆场要达到0.3~0.5m，库房内0.2m即可。

2. 苫盖

苫盖即采用专用苫盖材料对货垛进行遮盖，以减少自然环境中的阳光、雨雪、风、尘土等对货物的侵蚀、损害，并使货物由于自身物理化学性质所造成的自然损耗尽可能地减少，保护货物存储期内的质量。常用的苫盖材料有帆布、芦席、竹席、塑料膜、铁皮铁瓦、玻璃钢瓦、塑料瓦等。

（1）苫盖的具体要求。

①选择合适的苫盖材料。选用防火、无害的安全苫盖材料；苫盖材料不会对货物产生不良影响；成本低廉，不易损坏，能重复使用，没有破损和霉变。

②苫盖要牢固。每张苫盖材料都需要牢固稳定，必要时在苫盖物外用绳索、绳网绑扎或者用重物镇压，确保刮风吹不开。

③苫盖接口要紧密。苫盖的接口要有一定深度的互相叠盖，不能迎风或留空隙，苫盖必须拉挺、平整，不得有折叠和凹陷，防止积水。

④苫盖的底部与垫垛齐平。不腾空或拖地，并牢固地绑扎在垫垛外侧或地面的绳桩上，衬垫材料不露出垛外，以防雨水顺延渗入垛内。

⑤要注意材质和季节。如果使用旧的苫盖物时注意质量是否满足现有苫盖要求，在雨水丰沛季节，垛顶或者风口需要加层苫盖，确保雨淋不透。

（2）苫盖方法。

①就地苫盖法。直接将大面积苫盖材料覆盖在货垛上遮盖，一般采用大面积的帆布、油布、塑料膜等。就地苫盖法操作便利，但基本不具备通风条件。

②鱼鳞式苫盖法。将苫盖材料从货垛的底部开始，自下而上呈鱼鳞式逐层交叠围盖。该法一般采用面积较小的瓦、席等材料苫盖。鱼鳞式苫盖法具有较好的通风条件，但每件苫盖材料都需要固定，操作比较烦琐复杂。

（四）制作并摆放或拴挂货垛牌

货垛牌上的主要内容有：货位号、货物名称、批号、规格、进货日期、来源、存货人、该垛数量、接货人（制单人）等，此外根据不同特点的仓库可以设置其他项目。为了在保管中及时了解货物情况，需要在货垛上张贴悬挂有关该垛货物的资料标签。该记载货物资料的标签称为货垛牌或者货物标签、料卡等。货物码垛完毕，仓库管理人员就应按照入库货物资料、接受货物情况制作货垛牌，并摆放或拴挂在货垛（货架）正面明显的位置。

三、出库作业

商品出库与发运是商品储存阶段的终止，也是仓库作业的最后一个环节，它使仓库工作与运输部门、商品使用单位直接发生联系。商品出库直接影响运输部门和使用单位，因此做好出库工作对改善仓库经营管理、降低作业费用、提高服务质量有一定的作用。

（一）商品出库的程序

不同仓库的商品出库操作程序会有所不同，操作人员的分工也有粗有细，但就整个出库作业的过程而言，一般都是跟随着商品在库内的流向，或出库凭证的流转而构成各个环节的衔接。出库程序一般包括：核单—备货—复核—包装—点交—登账—现场和档案的清理等过程。

1. 核单

发放商品必须有正式的出库凭证，严禁无单或白条发货。保管员接到出库凭证后，应仔细核对，这就是出库业务中的核单（验单）工作，具体内容包括以下几个方面。

（1）要审核出库凭证的合法性和真实性。

（2）核对品名、型号、规格、单价、数量、收货单位、到站、银行账号。

（3）审核出库凭证的有效期等。

凡在证件核对中，有货物名称、规格型号不对的，印鉴不齐全、数量有涂改、手续不符合要求的，均不能发货出库。如属自提商品还须检查有无财务部门准许发货的签章。

2. 备货

在对出库凭证所列项目进行核查之后才能开始备货工作。出库商品应附有质量证明书或副件、磅码单、装箱单等。机电设备等配件产品，其说明书及合格证应随货同到。备货时应本着“先进先出、易霉易坏先出、接近失效期先出”的原则，备货后要及时变动料卡余额数量，填写实发数量和日期等。

3. 复核

为防止差错，备料后应立即进行复核。出库的复核形式主要有专职复核、交叉复核和环环复核3种。除此之外，在发货作业的各个环节都贯穿着复核工作，如理货员核对单货是否相符、守护员（门卫）凭票放行、账务员（保管会计）核对账单等。这些分散的复核形式起到分头把关的作用，有助于提高仓库发货业务的工作质量。

复核的主要内容包括品种、规格、型号、数量是否准确，商品质量是否完好，配套是否齐全，技术证件是否齐备，外观质量和包装是否完好等。复核后保管员和复核员应在出库凭证上签名。

4. 包装

出库货物的包装如果不符合运输方式的要求应进行重新包装。根据商品外形特点，选用适宜包装材料，其重量和尺寸应便于装卸和搬运。出库商品包装要求干燥、牢固。如有破损、潮湿、捆扎松散等不能保障商品在运输途中安全的，应负责加固整理，做到破包破箱不出库。此外，各类包装容器，若外包装上有水湿、油迹、污损，均不许出库。另外，在包装中严禁互相影响或性能互相抵触的商品混合包装。包装后要写明收货单位、到站、发货号、本批总件数、发货单位等。

5. 点交

商品经复核后，如果是本单位内部领料，则将商品和单据当面点交给提货人，办清交接手续；如果是送货或将商品调出本单位办理运输的，则与送货人员或运输部门办理交接手续，当面将商品交点清楚。交清后，提货人员应在出库凭证上签章确认。

6. 登账

点交后，保管员应在出库单上填写实发数、发货日期等内容并签名，然后将出库单连同有关证件资料及时交给货主，以使货主办理货款结算。保管员把留存的二联出库凭证交给实物明细账登记人员登记做账。

7. 现场和档案的清理

经过出库的一系列工作程序之后，实物、账目和库存档案等都发生了变化，应及时对现场和档案进行清理。现场清理包括清理库存商品、库房、场地、设备和工具等。档案清理是指对收发、保养、盈亏数量和垛位安排等情况进行分析。具体应按下列几项工作彻底清理，使保管工作重新趋于账、物、资金相符的状态。

（1）按出库单核对结存数。

（2）如果该批货物全部出库，应查实损耗数量，在规定损耗范围内的进行核销，超过损耗范围的查明原因，进行处理。

（3）一批货物全部出库后，可根据该批货物入出库的情况、采用的保管方法和损耗数量总结保管经验。

（4）清理现场，收集苫垫材料，妥善保管，以待再用。

（5）代运货物发出后，收货单位提出数量不符时属于重量短少而包装完好且件数不缺的，应由仓库保管机构负责处理；属于件数短少的，应由运输机构负责处理；若发出的货物种类、规格、型号不符，则由保管机构负责处理；若发出货物损坏，应根据承运人出具的证明，分别由保管及运输机构处理。

（6）由于提货单位任务变更或其他原因要求退货时，可经有关方同意，办理退货。退回的货物必须符合原发的数量和质量，要严格验收，重新办理入库手续，未移交的货物则不必检验。

（二）出库作业的依据和要求

1. 出库作业依据

商品出库必须依据出库凭证进行。无论在何种情况下，仓库都不得擅自动用、变相动用或者外借货主的库存商品。出库凭证的格式不尽相同，不论采用何种形式，都必须是符合财务制度要求的有法律效力的凭证，要坚决杜绝凭信誉或无正式手续的发货。

2. 出库作业要求

商品出库要求做到“三不”“三核”和“五检查”。

（1）三不：即未接单据不翻账，未经审单不备货，未经复核不出库。

（2）三核：即在发货时，要核实凭证、核对账卡、核对实物。

（3）五检查：即对单据和实物要进行品名检查、规格检查、包装检查、件数检查、重量检查。

具体地说，商品出库要求严格执行各项规章制度，提高服务质量，使用户满意。它包括针对品种规格等要求，积极与货主联系，为用户提货创造各种便利条件，杜绝差错事故。

（三）商品出库的形式

1. 送货

仓库根据货主单位预先送来的出库凭证把应发商品送达收货单位指定的地点，这种发货形式就是通常所说的送货制。仓库实行送货要划清交接责任。仓储部门与运输部门的交接手续是在仓库现场办理完毕的，运输部门与收货单位的交接手续是根据货主单位与收货单位签订的协议，一般在收货单位指定的到货地点办理。

送货具有“预先付货、接车排货、发货等车”的特点。仓库实行送货具有多方面的好处：仓库可预先安排作业，缩短发货时间；收货单位可避免因人力、车辆等不便而发生的取货困难；在运输上，可合理使用运输工具，减少运费。仓储部门实行送货业务，应考虑到货主单位不同的经营方式和供应地区的远近，既可向外地送货，也可向本地送货。

2．自提

由收货人或其代理人持出库凭证直接到仓库提取，仓库凭单发货，这种发货形式就是通常所说的提货制。它具有“提单到库，随到随发，自提自运”的特点。为划清交接责任，仓库发货人与提货人在仓库现场对出库商品当面交接清楚并办理签收手续。

3．过户

过户是一种就地划拨的形式，商品虽未出库，但是所有权已从原货主转移到新货主。仓库必须根据原货主开出的正式过户凭证才予办理过户手续。

4．取样

货主单位出于对商品质量检验、样品陈列等需要到仓库提取货样。仓库也必须根据正式取样凭证才予发给样品，并做好账务记载。

5．转仓

货主单位为了业务方便或改变储存条件，需要将某批库存商品自甲库转移到乙库，这就是转仓的发货形式。仓库也必须根据货主单位开出的正式转仓单才予以办理转仓手续。

6．代办托运

仓库接受客户的委托，先根据客户所开的出库凭证办理出库手续，再通过运输部门把物资发运到需方指定的地方。这种货物出库方式常用于内、外贸储运公司所属的仓库和产地、口岸批发企业所属仓库，是仓库推行优质服务的措施之一，适用于大宗、长距离的货物运输。

代办托运的操作方式主要由业务部门事先将发货凭证送到运输部门，运输部门经过制单托运，经运输部门批票或派车派船之后，运输部门委托搬运部门，或使用自有车辆向仓库办理提货手续。

（四）商品出库过程中出现的问题及处理

1．出库凭证的问题及处理

（1）凡出库凭证超过提货期限，用户前来提货的，必须先办理手续，按规定缴足逾期仓储保管费，然后方可发货。任何非正式凭证都不能作为发货凭证。提货时，若用户发现规格开错，保管员不得自行调换规格发货，必须通过制票员重新开票方可发货。

（2）凡发现出库凭证有疑点，或者情况不清楚，以及出库凭证发现有假冒、复制、涂改等情况时，应及时与仓库保卫部门及出具出库凭证的单位或部门联系，妥善处理。

（3）商品进库未验收，或者期货未进库的出库凭证，一般暂缓发货并通知货主，待货到并验收后再发货，提货期顺延，保管员不得代验。

（4）如客户因各种原因将出库凭证遗失，客户应及时与仓库发货员和账务员联系挂失。如果挂失时货已被提走，保管员不承担责任，但要协助货主单位找回商品；如果货还没有被提走，经保管员和账务员查实后，做好挂失登记，将原凭证作废，缓期发货。

2．提货数与实存数不符及处理

若出现提货数量与商品实存数不符的情况，一般是实存数小于提货数，造成这种问题的原因主要有以下几个方面。

（1）商品入库时，由于验收问题，增大了实收商品的签收数量，从而造成账面数大于实存数。

（2）仓库保管员和发货人员在以前的发货过程中，因错发、串发等差错而形成实际商品库存量小于账面数。

（3）货主单位没有及时核减开出的提货数，造成库存账面数大于实际储存数，从而开出的提货单提货数量过大。

（4）仓储过程中造成的货物毁损。当遇到提货数量大于实际商品库存数量时，无论是何种原因造成的，都需要和仓库主管部门及货主单位及时取得联系后再做处理。如属于入库时错账，则可以采用报出报入方法进行调整，即先按库存账面数开具商品出库单销账，然后再按实际库存数重新入库登账，并在入库单上签明情况；如果属于仓库保管员串发、错发引起的问题，应由仓库方面负责解决库存数与提单数的差数；属于货主单位漏记账而多开出库数的，应由货主单位出具新的提货单，重新组织提货和发货；如果是仓储过程中的损耗，需考虑该损耗数量是否在合理的范围之内，并与货主单位协商解决，合理范围内的损耗应由货主单位承担，而超出合理范围之外的损耗则应由仓储部门负责赔偿。

3．串发和错发货及处理

所谓串发和错发货，主要是指在发货人员对商品种类规格不太熟悉的情况下，或者由于工作中的疏漏，把错误规格、数量的商品发出仓库的情况。如提货单开具甲规格的某种商品出库，而在发货时错把乙规格的该种商品发出，造成甲规格账面数小于实存数，乙规格账面数大于实存数。在这种情况下，如果商品尚未离库，应立即组织人力重新发货；如果商品已经被提出仓库，保管员要根据实际库存情况，如实向本库主管部门和货主单位讲明串发和错发货的品名、规格、数量、提货单位等情况，会同货主单位和运输单位共同协商解决。一般在无直接经济损失的情况下由货主单位重新按实际发货数冲单（票）解决，如果形成直接经济损失应按赔偿损失单据冲转调整保管账。

4．包装破漏及处理

包装破漏是指在发货过程中因商品外包装破散、砂眼等现象引起的商品渗漏、裸露等问题。这些问题主要是在储存过程中因堆垛挤压、发货装卸操作不慎等情况引起的，发货时应经过整理或更换包装方可出库，否则造成的损失应由仓储部门承担。

5．漏记和错记账及处理

漏记账是指在商品出库作业中，由于没有及时核销明细账而造成账面数量大于或少于实存数的现象；错记账是指在商品出库后核销明细账时没有按实际发货出库的商品名称、数量等登记，从而造成账物不相符的情况。无论是漏记账还是错记账，一经发现，除及时向有关领导如实汇报情况外，同时还应根据原出库凭证查明原因调整保管账，使之与实际库存保持一致。如果由于漏记和错记账给货主单位、运输单位和仓储部门造成了损失应给予赔偿，同时应追究相关人员责任。

四、绿色仓储型企业评估指标体系

该评价指标节选自由中国仓储与配送协会等企事业单位组织起草的《绿色仓储与配送要求及评估》(GB/T 41243—2022）国家标准。通过实施该文件，面向全社会相关企业推广绿色仓储的理念和技术，引导企业积极承担社会责任，以绿色发展为目标，推动节能、降耗、减排，有效降低企业运营成本，促进仓储行业健康可持续发展（表2–1–2）。

表2–1–2　仓储型企业评估指标体系

序号	分类指标	一级指标	二级指标	三级指标	指标说明
1	基本要求	绿色物流发展规划	—	—	建立绿色物流发展的相关规章制度
2		绿色物流管理体系	—	—	成立绿色物流发展管理组织机构；通过ISO14001环境管理体系认证
3		知识培训	从业人员培训率	—	参加绿色物流管理知识培训的人数占物流作业和管理人员总数的比例
4		绩效考核	—	—	将绿色物流发展管理纳入企业责任人的绩效考核当中
5	仓储要求	仓库选择	节能材料	节能环保材料使用率	环保材料费用占材料总费用的比例
6			清洁能源	节能光源使用率	节能光源使用数量占光源使用总数量的比例
7				自然光源使用率	常温仓库自然光使用面积占所有光源使用面积的比例
8				可再生能源电量率	所使用的采用光伏、风能等可再生能源的发电量占总用电量的比例
9			节约用水	水资源循环利用率	循环水利用量占总用水量的比例
10				—	库区给水系统是否实行分级、分类计量管理
11				—	用水设备是否采用高效节水设备，或采用免水装置
12			节约用电	—	仓库空调、通风、动力、给排水、锅炉等公用设备设施是否采用自动控制系统
13				—	是否设置智能照明控制系统

续表

序号	分类指标	一级指标	二级指标	三级指标	指标说明
14	仓储要求	功能区布局	功能分区	—	功能区是否合理分区，实现最佳使用效果
15			物流通道的设置	—	是否根据作业需求设置不同通道，满足人流及货物搬运设备操作需要
16			标识标记	—	仓库通道和功能区是否设置显著标识标记
17			仓库利用率	—	仓库实际使用面积占总面积的比例
18		作业设备	机械化、自动化、智能化设备	机械设备使用率	使用电动叉车等机械设备处理货物量（个、kg或t）占总货物量（个、kg或t）的比例
19				自动化、智能化设备使用率	使用高密度立体货架、自动分拣设备、搬运机器人等自动化、智能化设备处理货物量（个、kg或t）占总货物量（个、kg或t）的比例
20			单元化设备使用情况	标准托盘使用率	标准托盘（1200mm×1000mm）使用数量占托盘使用总数量的比例
21				循环共用托盘使用率	循环共用托盘使用数量占托盘使用总数量的比例
22				标准周转箱使用率	标准周转箱（600mm×400mm模数）使用数量占周转箱使用总数量的比例
23		作业管理	作业管理制度	—	是否建立完善的标准化作业流程、是否建立质量控制体系
24			仓库信息化水平	—	是否全面使用仓库管理系统（WMS）进行作业管理，是否利用物联网、人工智能、大数据等技术实施智能仓储管理
25			库存周转率	—	库存周转率=本期出库总金额/［（期初库存金额+期末库存金额）/2］×100%
26	包装要求	包装材料	可循环、易回收、可降解材料使用率	—	包装物以及包装物内的填充物、辅助物等选用的材料中可循环、易回收、可降解材料使用量占全部材料使用量的比例
27		包装管理	包装容积率	—	包装内容物体积与包装容积的比率
28			不合格品（含废弃物）合规处理率	—	包装材料不合格品（含废弃物）合规处理量占不合格品（含废弃物）总量的比例
29			物流包装回收率	—	实际回收的物流包装材料量（个、kg或t）占物流包装总使用量（个、kg或t）的比例

注：指标说明均指在一定统计期内。
仓储型企业应满足评估指标中的基本要求项全部内容，满足仓储要求项和包装要求项总指标数的40%为绿色仓储型企业。

任务二　库存管理

学习目标

1. 掌握仓库入库、在库和出库的基本作业流程
2. 了解库存的基本概念与作用，掌握库存的类别与成本构成
3. 掌握库存控制方法：ABC分类法、经济订货批量、定量订货法、定期订货法
4. 能运用库存控制的方法进行仓库物品的采购与库存控制
5. 培养学生分析问题和解决问题的能力

任务导入

某物流中心是一家国有大型物流企业，主营业务为仓储、运输、配送和项目物流等，经营范围覆盖全国大部分地区。近日，该物流中心接到上级任务，为了提升仓库作业的效率，规范仓库工作流程，要求在不调整仓库整体结构的基础上，结合先进的库存控制方法及监控手段对仓库货品进行有效控制。

思考与讨论：该物流中心可以采取哪些库存控制策略对仓库货品实施有效管理？

任务实施

一、库存概述

（一）库存的概念

库存是指暂时闲置的用于满足将来需要的资源，它通常摆放在仓库中。在企业生产中，有许多未来的需求变化是人们无法预测或难以全部预测到的，人们不得不采用一些必要的方法和手段应对外界变化，库存就是出于种种经济目的考虑而设立和存在的。设置库存的目的是防止短缺，所以企业一般都具有一定的库存。

库存无论对制造业还是对服务业都十分重要。一般来说，制造业库存是指生产制造企业为实现产成品生产所需要的原材料、备件、低值易耗品及在制品、产成品等资源。在服务业中，库存一般指用于销售的有形商品及用于管理服务的耗用品。

（二）库存的作用

一般来说，任何企业都有库存，只是由于各类企业的性质不同，其库存的品种和数量有所不同。库存的作用一般表现在以下几个方面。

1. 平衡供求关系，弥补时间差，保证生产和经营活动正常进行

由于物资数量、价格和市场政策的变化等原因，导致供求在时间和空间上出现不平衡。企业为了稳定生产和销售，必须准备一定数量的库存以避免市场震荡。客户订货后要求收到物资的时间比企业从采购物资、生产加工到运送产品至客户的时间要短，为了弥补时间差也必须预

先库存一定数量的物资。

2．库存可以调节和缓解供需矛盾

任何产品的生产都不可能与消费达到完全高度的吻合。有些产品的生产时间相对集中，而消费则是相对均衡的。一些季节性产品、批量产品在生产出来以后需要储存，形成存货，再持续地向消费者提供，保证满足消费者需求，从而缓解供给和消费需求之间存在的差别。从另一方面来说，集中生产的产品如果及时推向市场销售，必然造成市场短时间内产品供大于求，造成产品价格下跌，产品无法消费而被废弃的现象，也需要库存来进行调节，均衡地向市场供应，稳定市场。因此，库存可以起到维护正常的生产秩序和消费秩序的作用，可以缓解、调节和消除供求之间的不协调。

3．库存可以缩短或消除消费者的等待时间

任何生产过程都需要一定的时间，即产品在到达最终消费者之前，都有必要的原材料的采购、物品的生产、成品的流通等过程。而每一位消费者选择的只是最终可以及时使用的成品，不会愿意花时间去等待产品生产，然后再消费。如果企业保持有一定量的库存，就可以缩短或者消除消费者的等待时间，满足消费者需求，提高产品的竞争力。

4．库存具有防止和化解不确定因素的作用

库存具有一定的安全功能，可用来防止和化解由于不确定因素的发生对企业正常运营的影响。这些不确定因素可能是由于临时用量的增加、市场的供货紧缺等形成的。一般来说，不确定因素主要有两种类型：一种是需求的变化；另一种是时间前置的变化。在生产中，如果实际需求量超过了计划的需求量，或者前置时间超过了计划的前置时间，这时如果企业没有一定量的安全库存就会发生缺货，并影响企业的正常经营，所以安全库存就是为了避免此类现象的发生而存在的。

5．投资与经济性作用

库存可以使企业降低采购成本。众所周知，企业在采购过程中，采购的价格因采购数量的多少而有所不同。大批量的采购可以获得更多的价格折扣，使企业降低采购成本，实现规模经济效益。同时，大批量的采购有时还可以避免由于市场价格上涨带来的资金支出增加。因此，在这种情况下自然就会产生库存。

库存是企业的一项资产，它同其他资产一样，也要追求资产运用的最优化。库存过多会造成积压，增加企业不必要的储存成本；库存不足又会造成脱销，影响企业的正常生产经营和造成消费者不满。因此，企业库存应当尽量保持一个最优值，即企业的库存既不应该投资过多，又不能投资过少，应当根据市场需求和变化特点找到最合理优化的平衡点，取得最大化的经济效益。

（三）库存的分类

1．按生产过程分类

从生产过程的角度可分为原材料库存、在制品库存、维修库存和成品库存。

（1）原材料库存。原材料指企业在生产过程中所需要的各种原料、材料，这些原料和材料必须符合企业生产所规定的要求。有时也将外购件库存作为原材料库存。

（2）在制品库存。在制品库存指仍处于生产过程中已部分完工的半成品。

（3）维修库存。维修库存包括用于维修与维护的经常性消耗品或者备件，如润滑油和机器零件等，维修库存不包括产成品的维护所需要的物品或备件。

（4）成品库存。成品库存指可以出售、分配、能提供给消费者购买的最终产品。

2. 按经营过程分类

从经营过程的角度可将库存分为经常库存、安全库存、生产加工库存、季节性库存、积压库存和投资库存。

（1）经常库存。经常库存指企业在正常经营环境下为满足日常需要而建立的库存。

（2）安全库存（或缓冲库存）。安全库存指为防止不确定因素的影响而准备的缓冲库存，如突然需要大量发货、交货期突然延期等。有资料表明，安全库存几乎占到零售业库存的三分之一左右。

（3）生产加工库存。生产加工库存指处于加工状态以及为了生产的需要暂时处于储存状态的零部件、半成品或成品。

（4）季节性库存。季节性库存指为了满足特定季节中出现的特定需要而建立的库存，或指对季节性生产的原材料在生产的季节大量收购所建立的库存。

（5）积压库存。积压库存指因物品品质变坏而不再有效用的库存，或没有市场销路而卖不出去的商品库存。

（6）投资库存。持有投资库存不是为了满足目前的需求，而是出于其他原因，如由于价格上涨、物料短缺或是为了预防罢工等囤积的库存。

3. 按库存的作用和功能分类

从库存的作用和功能的角度可将库存分为基本库存（安全库存）、中转库存。

（1）基本库存。基本库存指补给生产过程中产生的库存。由于生产过程对原材料的需求是源源不断的，因此就必须有一定数量的库存以便提供生产供应，保障生产所需。

（2）中转库存。中转库存指正在转移或者等待转移的、已经装载在运输工具上的货物。中转库存是实现补给订货所必需的库存，在今天越来越受到企业的关注。在企业生产经营中，中转库存一般是小批量、高频率的运输与传递，在存货中的比例逐渐增大。

4. 按库存的预测性分类

按库存的预测性分类可将库存分为独立需求库存和相关需求库存。

（1）独立需求库存。独立需求库存指需求的数量和时间与其他变量的相互关系不确定，主要受消费市场需求影响的库存。一般来自客户对企业产品和服务的需求为独立需求。

（2）相关需求库存。相关需求库存指其需求的数量和时间与其他变量存在一定的相互关系，可以通过一定的数学关系推断出来的库存。一般生产制造企业内部物料转化各环节之间发生的需求为相关需求。客户对企业产品的需求一旦确定，与该产品有关的零部件、原材料的需求也就随之确定，对这些零部件、原材料的需求就是相关需求。

（四）库存管理的基本目标

库存管理也称库存控制，是指对生产、经营全过程的各种物品、产成品及其他资源进行预测、计划、执行、控制和监督，使其储备保持在经济合理的水平上的行为。现代企业认为，零库存是最好的库存管理。因为库存多，占用资金也多，利息负担加重。但如果过分追求低库存也会加大存货短缺成本，造成货源短缺，失去市场甚至失去客户。因此，在库存管理过程中应把握好衡量的尺度，处理好服务成本、短缺成本、订货成本、库存持有成本等各成本之间的关系，以求达到企业的库存管理目标。

为了保证企业正常的生产经营活动，库存是必要的，但因为库存又占用了大量资金，成为企业生产经营成本的一部分，因此库存管理关键的问题就是要求既能保证经营活动的顺利进行，又能使资金占用达到最小。库存管理的目标就是要防止超储和缺货，在企业资源约束下，以最合理的成本为客户服务。具体而言，库存管理目标就是要实现库存成本最低的目标、库存保证程度最高的目标、限定资金的目标、快捷的目标等。

通过库存管理，以满足客户服务需求为前提，对企业的库存水平进行控制管理，尽可能降低库存水平，提高物流系统的效率，以强化企业的竞争力。

二、ABC分类法

（一）ABC分类法的基本原理

经济学家帕累托在研究财富的社会分配时得出一个重要结论：80%的财富掌握在20%的人手中，即关键的少数和次要的多数规律。后来人们发现这一规律普遍存在于社会的各个领域，称为帕累托现象。帕累托现象也出现在企业经营管理中，表现为企业多数的利润由少数品种的产品贡献。因此，对这些少数产品管理的好坏就成为企业经营成败的关键，有必要在实施库存管理时对各类产品分出主次，并根据不同情况分别对待，突出重点。

ABC分类法是储存管理中常用的分析方法，也是经济工作中的一种基本工作和认识方法。ABC分类法在一定程度上可压缩企业库存总量、节约资金占用、优化库存结构、节省管理精力，因此在企业管理中广为应用。

一般来说，企业的存货品种较多，有些企业的存货甚至达到数万种，其需求量和单价各不相同，年占用金额也各不相同。有些存货在整个库存存货中的品种数量所占比重较大，但其价值在全部存货中所占比重较小，而有些存货则相反。在进行存货管理时，若都采用平均的控制力度，既不科学也不经济。对那些年占用金额大的库存品，由于其占压企业的资金较大，对企业经营的影响也较大，因此需要进行特别的重视和管理；而对占压企业资金不大的存货，可做一般控制，ABC分类法就是在此基础上产生的。

ABC分类法（图2-2-1）是根据库存品的年占用金额的大小，把库存品划分为A、B、C三类，分别实行重点控制、一般控制、简单控制的存货管理方法、其中，A类存货的年占用金额占总库存金额的70%左右，其品种数量却只占总库存品种数量的10%左右；B类存货的年占用金额占总库存金额的20%左右，其品种数量却占总库存品种数量的20%左右；C类存货的年占

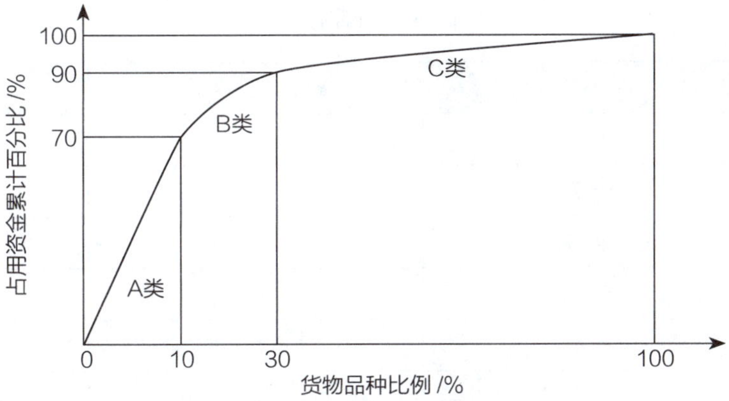

图2-2-1 ABC分类法

用金额占总库存金额的10%左右，其品种数量却占总库存品种数量的70%左右。

ABC三类存货的划分主要有两个标准：金额标准和品种数量标准。金额标准是最基本的分类法，而品种数量标准可以作为参考。

（二）ABC三类存货库存的控制

ABC分类明确了重点，可以对不同类别的存货按不同要求进行管理和控制，具体方法如下。

1. A类库存品

A类库存品的品种虽然较少，但其占用的金额较大，是日常控制的重点，需要最严格的管理。必须对这类库存品保持完整的库存记录，建立完善的库存盘存制度，掌握该类存货的收、发、结存情况，严格按各种科学的方法计算确定每个品种的经济订货量、保险储备量，严格控制库存水平，防止缺货。

2. B类库存品

B类库存品属于一般的品种，对它的管理介于A类和C类之间。原则上也要求计算经济批量和保险储备量，但不必像A类存货那样严格，通常的做法是将若干物品合并一起订购。

3. C类库存品

C类库存品的种类数虽多，但占用的金额较少，管理办法较简单，不必专门计算存货量，视企业情况规定存货量的上下限，也可适当增加每次订货量，实行简单控制。如对这类库存品通常订购6个月或1年的需求量，期间不需要保持完整的库存记录。

（三）ABC分类法的应用举例

【例2-1】某小型企业拥有10项库存品，各种库存品的年需要量、单价见表2-2-1。为了加强库存品的管理，企业计划采用ABC库存管理法。假如企业决定按20%的A类物品，30%的B类物品，50%的C类物品来建立ABC库存分析系统，问该企业应如何进行分类？

根据表2-2-1列出各种存货品的金额，并进行大小排列，计算各种库存品的金额百分比和数量百分比，然后进行分类，见表2-2-2。根据ABC分类，进一步编制ADC分类表，如表2-2-3所示。

通过对企业的存货进行分类，有利于企业对不同类别的存货按不同的要求进行控制和管理。

表2-2-1　某企业库存需求情况表

库存品名称	年需求量 /kg	单价 /（元 /kg）	金额 / 元
a	9000	8	72000
b	95000	8	760000
c	4000	4	16000
d	50000	4	200000
e	1000	10	10000
f	125000	5	625000
g	20000	5	100000
h	20000	8	160000
i	5000	5	25000
j	2500	7	17500
合计	—	—	1985500

表2-2-2　计算表

库存品名称	金额 / 元	累计金额 / 元	累计百分比 /%	类别
b	760000	760000	38.3	A
f	625000	1385000	69.7	A
d	200000	1585000	79.8	B
h	160000	1745000	87.9	B
g	100000	1845000	92.9	B
a	72000	1917000	96.5	C
i	25000	1942000	97.8	C
j	17500	1959500	98.7	C
c	16000	1975500	99.5	C
e	10000	1985500	100	C

表2-2-3　ABC分类表

类别	品种数	该类库存品占据全部库存品种的百分比 /%	每一类库存品的金额 / 元	该类库存品金额占据全部库存金额的百分比 /%
A	2	20	1385000	69.7
B	3	30	460000	23.2
C	5	50	140500	7.1
合计	10	100	1985500	100

三、经济订货批量法

（一）经济订货批量的概念

经济订货批量（economic order quantity，EOQ）是指通过费用分析求得在库存总费用最小时的每次订购批量，用以解决独立需求物品的库存控制问题。企业的合理存货量标准是既能满足生产经营活动的正常进行，又能使存货耗费的总成本最低，这个合理的存货量取决于经济订货批量的确定。

（二）经济订货批量法的基本原理

在企业年消耗量固定的情况下，一次订货量越大，订货次数就越少，每年花费的总订货成本就越低。因此，从订货费用的角度看，订货批量越大越好。但是，订货批量的加大必然使库存保管费用增加，所以从保管费的角度看，订货批量越小越好。订货费与保管费呈现此消彼长的关系，由于库存的每次订购数量直接影响到库存总成本，因此经济订货批量是使年度总成本为最小时的订货批量。经济订货批量模型中的年度总成本主要包括以下4种费用。

1. 订货成本（订货费）

订货成本是指订货过程中发生的与订货有关的全部费用，包括办公费、差旅费、订货手续费、通信费、招待费以及订货人员的工资等。订货成本可分为固定性订货成本和变动性订货成本两部分。固定性订货成本是指与采购次数和数量没有直接联系的，用于维持采购部门正常活动所需要的有关费用，如采购机构的管理费、采购人员的工资等。变动性订货成本是指与订货数量没有直接关系，但随订货次数的变动而变动的费用，如差旅费、运输费等。订货成本与订货量的多少无关，而与订货次数有关。要降低订货成本，就需减少订货次数。

2. 存储成本（库存保管费）

存储成本又称为持有成本，是指存货在储存过程中发生的费用。存储成本包括货物占用资金应付的利息、货物损坏变质的支出、仓库折旧费、维修费、仓储费、保险费、仓库保管人员工资等费用。

存储成本按照其与存货的数量和时间关系，分为固定性存储成本和变动性存储成本两部分。固定性存储成本是指在一定时期内总额相对稳定，与存货数量和时间无关的存储费用，如仓库折旧费、仓库人员工资等。变动性存储成本是指总额随着存货数量和时间的变动而变动的有关费用，如仓储费、占用资金的利息等。

3. 进货与购买成本（采购成本）

进货与购买成本是指在采购过程中所发生的费用，包括所购物资的买价和采购费用。该成本取决于进货的数量和进货的单位成本。在没有数量折扣的条件下，进货与购买成本是企业无法控制的成本。

4. 缺货成本（缺货费）

缺货成本是指当存储供不应求时引起的损失，如失去销售机会的损失、停工待料的损失、临时采购造成的额外费用以及延期交货不能履行合同而缴纳的罚款等。从缺货损失的角度考虑，存储量越大，缺货的可能性就越小，缺货成本也就越低。

各种成本与年度总成本的关系如图2–2–2所示。经济订货批量是用于解决独立需求库存控制问题的一种模型。基本公式是：

年度总成本=年采购成本+年库存保管费+年订货费+年缺货费

$$T_C = DP + \frac{DC}{Q} + \frac{QK}{2} + \frac{VH}{2}$$

式中 T_C——年度库存总成本；

D——年需要量；

Q——每次订货批量；

C——每次订货费；

P——产品价格；

K——单位产品年保管费；

$\frac{Q}{2}$——年平均存储量；

V——年缺货量；

H——缺少单位产品的年费用。

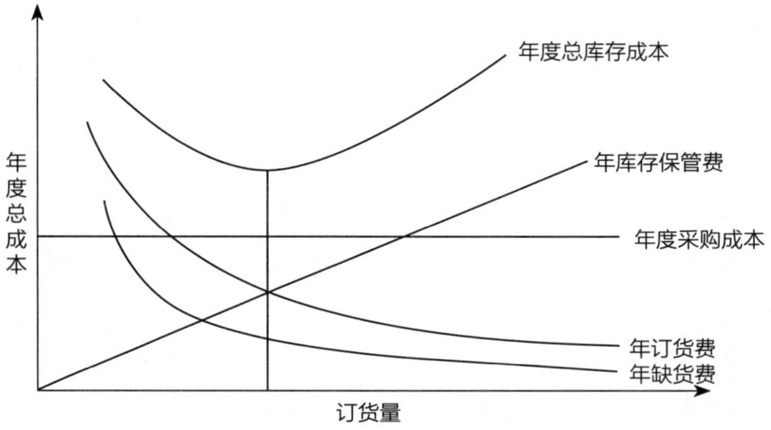

图2–2–2 各种成本与年度总成本的关系图

（三）经济订货批量的确定

由于假设条件不同，经济订货批量的具体形式也有区别，下面主要讨论经济订货批量的3种形式。

1. 不允许缺货的经济批量

为了确定经济订货批量，先做一些假设：需求均衡、稳定，年需求量为固定常数；储存成本和单价固定不变；订货提前期不变；每次订货批量一定；每次订货费用为常数；库存补充过程瞬间完成。

2. 允许缺货的经济批量

实际工作中，企业的生产活动都是不均衡的，往往会由于生产或其他原因而临时增大用量。同时，企业从订货到货物到达有一个时间间隔，供货单位有时会因为各种原因而延期发货，从而不可避免地发生缺货。这时批量是指使采购成本、库存保管费、订货费、缺货费这四者之和的总成本最小的批量。

3. 有数量折扣的经济批量

以上是在物品采购单价不变的情况下进行的。但现实中为了鼓励购买者大批量采购通常采用数量折扣的办法，即购买者买进商品达到一定数量时可享受一定程度的价格优惠，一次订购量越多，折扣就越大。数量折扣对购买者的影响是：增加采购量，减少了采购成本，并由于采购量增大而减少了采购次数，从而降低了订货成本，但大量购买必然增加储备，增加储存成本。

因此，在有数量折扣的情况下，经济订购量应是采购成本、库存保管费、订货费之和达到最低水平的订货量。

由于订货批量达到折扣后，价格折扣点形成了成本函数的间断点，使总成本曲线不连续，不能像无价格折扣时那样用一阶导数来求出最低成本点。较简单的方法是采用“相关成本比较法”，通过计算对比不同单价下的相关成本，选出相关成本最低的订货量作为经济订货批量。

四、定量订货法

（一）定量订货法的概念

所谓定量订货法，是指当库存量下降到预定的最低库存数量（订货点*R*）时，按规定数量（一般以经济订货批量*EOQ*为标准）进行订货补充的一种库存控制方法。

（二）定量订货法的基本原理

定量订货法的基本原理是预先确定一个订货点，在销售的过程中如果库存下降到*S*时，就发出一个订货批量。定量订货法原理如图2-2-3所示。

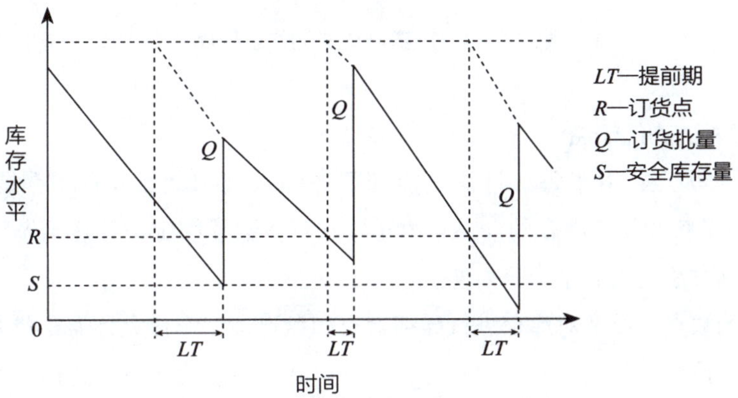

图2-2-3 定量订货法原理图

（三）订货点与订货批量的确定

1．订货点的确定

主要根据影响订货点的3个因素，即订货提前期、平均需求量、安全库存来确定订货点，具体方法如下。

（1）在需求和订货提前期确定的情况下。在这种情况下，企业不需要设立安全库存，订货点由下式确定

$$订货点=\frac{订货提前期\times 全年需求量}{365}$$

（2）在需求和订货提前期都不确定的情况下。

订货点=平均需求量×最大订货提前期+安全库存

安全库存=I×需求变动值（式中I为安全系数）。

2．订货批量的确定

一般取经济订货批量（*EOQ*）。

（四）定量订货法的作业程序

图2-2-4所示为定量订货法的一般作业程序。

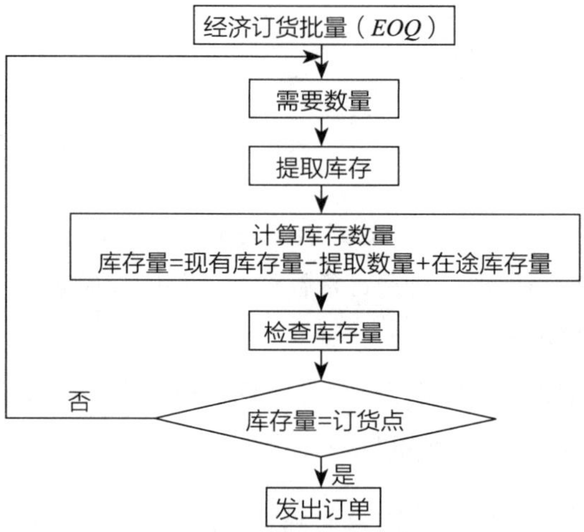

图2-2-4　定量订货法的作业程序

（五）定量订货法的优缺点

定量订货法的优点：由于每次订货之前都要详细检查和盘点库存（看是否降低到订货点），所以能及时了解和掌握库存的动态；由于每次订货数量固定，且是预先确定好了的经济订货批量，因此该方法运用起来十分简便。

定量订货法的缺点：经常对库存进行详细检查和盘点，工作量大且需花费大量时间，从而增加了库存保管维持成本；该方式要求对每个品种单独进行订货作业，这样会增加订货成本和运输成本。

（六）定量订货法的适用范围

基于上述的优点和缺点，定量订货法有一定的适用范围。通常在以下几种情况下采用定量订货方式比较合适。

①所储存的物资具备进行连续检查的条件。

②价值虽低但需求数量大的物资以及不便于少量采购的物资。

③易于采购的物资。

④价格昂贵物资。

五、定期订货法

（一）定期订货法的概念

定期订货法是基于时间的订货控制方法。它通过设定订货周期和最高库存量从而达到库存控制的目的。因此，定期订货法需要确定订货周期、最高库存量以及订货量。

（二）定期订货法的基本原理

周期性检查库存，根据最高库存量、实际库存、在途订货量和待出库商品数量计算出每次订货批量，发出订货指令，组织订货，如图2–2–5所示。

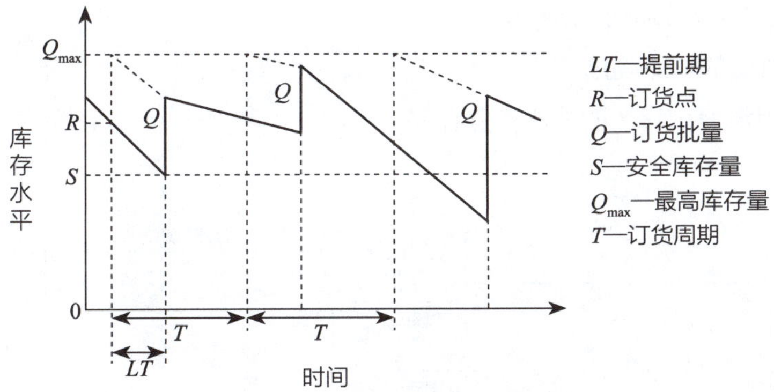

图2–2–5　定期订货法原理图

（三）订货周期、最高库存量及订货量的确定

1．订货周期的确定

在定期订货法中，订货点实际上就是订货周期，其间隔时间总是相等的。它直接决定最高库存量的大小，即库存水平的高低，进而也决定了库存成本的多少。

从费用角度出发，如果要使总费用达到最小，可以采用经济订货周期的方法来确定。

2．最高库存量的确定

定期订货法的最高库存量是用以满足（$T+LT$）期间的库存需求的，所以可以用（$T+LT$）期间的库存需求量为基础。考虑到随机发生的不确定性库存需求，再设置一定的安全库存。

最高库存量的公式如下：

$$Q_{max} = R(T + LT) + S$$

式中 Q_{max}——最高库存量；

R——（T+LT）期间的库存需求量平均值；

T——订货周期；

LT——订货提前期；

S——安全库存量。

3．订货量的确定

定期订货法每次的订货数量是不固定的，订货批量的多少都是由当时的实际库存量的大小决定的，考虑到订货点时的在途到货量和已发出出货指令尚未出货的待出货数量，则每次订货的订货量的计算公式为：

$$Q_i = Q_{max} - Q_{Ni} - Q_{Ki} + Q_{Mi}$$

式中 Q_i——第i次订货的订货量；

Q_{max}——最高库存量；

Q_{Ni}——第i次订货点的在途到货量；

Q_{Ki}——第i次订货点的实际库存量；

Q_{Mi}——第i次订货点的待出库货物数量。

（四）定期订货法的作业程序

图2-2-6所示为定期订货法的一般作业程序。

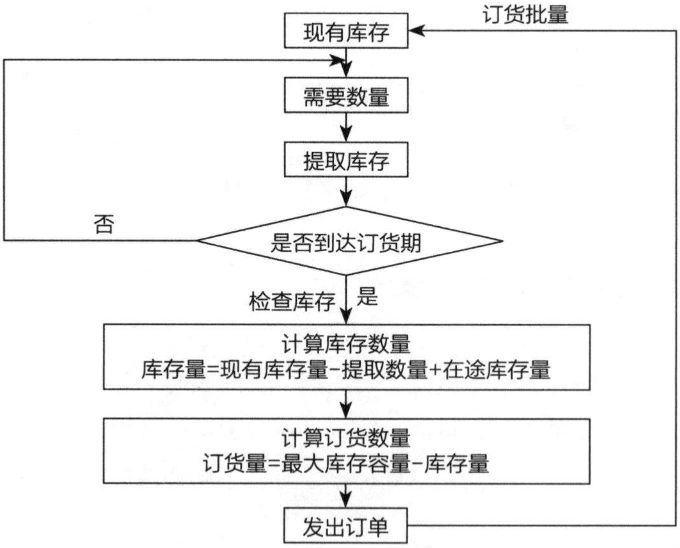

图2-2-6 定期订货法的作业程序

（五）定期订货法的优缺点

定期订货法的优点：由于订货间隔确定，所以多种货物可同时进行采购，这样不仅可以降低订单处理成本，还可以降低运输成本；这种方式不需要经常检查和盘点库存，可节省这方面的费用。

定期订货方式的缺点：为了应对需求的突然变动，需要较大的库存。

（六）定期订货法的适用范围

定期订货法的订货时间固定，每次订货量不固定。根据这种特点，定期订货法适合在以下几种情况下采用：

①需要定期盘点、采购或生产的物资。

②具有相同供应来源的物资。

③多种商品一起采购可以节省运输费用的物资。

④供货渠道较少或外包给物流企业供应的物资。

任务三　单项技能实训

实训项目：南京某分拨中心仓储作业流程设计

实训内容：

南京某电子商务有限公司主营业务以3C产品网络零售业务为主，该公司在南京江宁区建设了一个分拨中心，请以该公司南京分拨中心为背景规划仓库入库、在库、出库作业流程。

实训要求：

1．以工作业务流程图的方式完成，PPT演示。

2．各业务流程中涉及的工作岗位，及各岗位工作职责描述。

3．说明入库、在库、出库作业中所需要及传递的单据。

评分要点

实训考核表如表2-3-1所示。

表2-3-1　实训考核表

要点	分值	得分
1．入库作业流程图设计	15	
2．入库涉及岗位及岗位职责描述	10	
3．入库涉及的业务单据	5	
4．在库作业流程图设计	15	
5．在库涉及岗位及岗位职责描述	10	
6．在库涉及的业务单据	5	

续表

要点	分值	得分
7. 出库作业流程图设计	15	
8. 出库涉及岗位及岗位职责描述	10	
9. 出库涉及的业务单据	5	
10. PPT制作精美度	10	
合计		

• 行企直通车

某企业小件仓收发货应知应会

一、收货应知应会

（一）采购入库预约管理

1. 预测规则

当天16：00~18：00，次日产能共用，不区分事业部及品类；每日18：00前可预约次日，最早可提前30天。预约入库岗位分工如表2-4-1所示。

表2-4-1 预约入库岗位分工

责任部门	事项
各事业部	当月20日前，以周维度给出次月备货需求；审核供应商预约
COO办公室	对备货需求进行审核
总部小件仓储部	根据备货计划下发产能需求给大区，并监督大区执行
各大区	负责按要求维护产能
供应商	按要求预约、准时备货送货

注意事项：

（1）超级大促提前45天给出备货需求，其他大促提前30天。

（2）当周周四18：00前，事业部可提交下周产能变动。

（3）每日产能=事业部下达的周需求/7。

2. 预约执行

（1）物流按照下发产能需求维护系统产能，严禁修改前期产能，事业部按提报产能需求安排工厂预约。

（2）当天预约成功的商品，在符合到货要求条件下不允许拒收，违者按照500元/供应商对相关仓库予以处罚，并按未入库商品价值的5%作为违约金赔付事业部。

物流收货负责记录供应商送货异常情形，做好登记。包含不限于：

①预约未到、到货延迟等，需用Excel表格登记。

②到货装车混乱、商品倒置、二次封箱等需用PPT登记。

（二）采购入库优先顺序

供应商到货登记时：单证齐全，准时到货登记，符合验收标准；准时到货登记，但前方有正常排队卸货；送货不规范，供应商自行梳理；到货迟到2小时内，根据作业能力顺延收货。

供应商到货登记后：日常2小时内开始卸货、1.5小时内卸货完成；大促备货期间4小时内开始卸货，1.5小时内卸货完成。

（三）采购入库与装卸要求

商品采购入库与装卸要求如表2-4-2所示。

表2-4-2　商品采购入库与装卸要求

供应商管理	（1）送货到达后，进入园区，车辆停靠在月台对面暂停车位，直接去单证室做预约登记并打入库任务作业单 （2）遵守本公司收货制度和园区通行行驶要求，有序排号打单，协助验收并双签收货 （3）禁止在园区拍照和随意吸烟，吸烟需在吸烟室，在园区不得穿拖鞋卸货，夏天因天气炎热，不得以此为由不穿上衣；交接商品只能在收货理货月台和缓存区域，禁止随意进入库区 （4）卸货中产生的废料需带走或是放入废料桶或废料收集区，违规者将被记录降低收货优先级
装卸能力	（1）供应商自带工人卸货，1.5小时内不能完成卸货，自卸货超时达三次，再次送货时由本公司签约的装卸队卸货，并需由供应商缴纳装卸人工及相关费用 （2）超市、商场未在自卸申请明细内的供应商需严格按照本公司要求进行操作（供应商送货高于5m^3的由本公司卸货） （3）如果申请自卸的供应商在申请自卸期间使用过本公司装卸队，则自动切换成由本公司进行卸货
装卸码放管理	（1）商品摆放必须按商品自身摆放要求摆放，禁止横卧、倒置等操作 （2）使用托盘运输时，托盘两侧禁止碰撞到商品 （3）运输过程中，若商品重心不稳，必须使用缠绕膜捆扎，防止商品掉落 （4）两层（含两层）以上的托盘，必须配合使用缠绕膜，保证商品的稳定性 （5）任何商品禁止抛、扔、抵、推 （6）拽、拉商品时，只可使用包装带，不得使用商品扣手。只有在抬举商品时方可使用商品扣手 （7）任何商品、托盘不得占用库内主通道和月台通道 （8）任何人员因违反以上作业规定，而造成的商品或外包装损坏、破损，须承担相应的赔偿责任 （9）卸货时工作人员需着工装和穿运动鞋。不得在园区随意吸烟，只能在吸烟室吸烟 （10）卸货费用必须在单证处缴纳，不得私自与供应商达成卸货交易并收费。违者按相关规定罚款并取消卸货资格

错误码放事例：

（1）装车时混放，导致卸车时无法判别类型。

（2）多订单商品混合在一起，导致卸车时无法区分。

（3）仓库卸货时不同货物箱子混放，不同订单的商品混放在一起导致错收。

（4）仓库卸货时商品在托盘上的堆码方式不统一，或保质期商品批次混放等。

（四）采购入库验收标准

1．商品验收通则

商品验收总体要求如表2-4-3所示。

表2-4-3　商品验收总体要求例表

序号	验收内容	验收要求
1	时间	检查预约送货日期和时间点
2	外观	观察是否存在污渍、受潮、发霉、勒痕、变形，其他平台Logo或覆盖物
3	数量	核对商品数量、抽检是否存在开箱少货
4	效期	效期商品销售包装是否有生产日期、保质期、到期日其中两项；检查是否过效期
5	单据	核对单据：××企业预约单、厂家出库单
6	装车	大不压小、重不压轻、分门别类、严禁倒置
7	包装	检查包装方式、塑封、二次封箱、是否有套装勿拆标识等
8	描述	商品编码、重量、型号、颜色、规格、口味、赠品字样
9	条码	实物和系统条码是否一致；粘贴条码不得覆盖商品信息

2．码放标准

（1）请根据任务作业单明细进行分货，将不同商品分别集中整齐码放。

（2）将商品条码向上以及向外摆放，以便收货人员扫码收货。

（3）请将拆零销售商品全部开箱。

（4）套装商品请张贴“套装勿拆”标识。

（5）请将商品整齐码放，每层码放数量一致。

（6）商品摆放规则，重不压轻，大不压小。

（7）贵重商品入库请配合收货人员进行称重操作。

3．禁止行为

（1）如需贴码入库商品，贴码时禁止将商品信息覆盖。

（2）禁止将商品倒置、混乱码放。

（3）禁止将破损、漏液、商品变形、商品信息磨损等商品混码入待入库商品中。

（4）禁止暴力装卸。

（5）禁止超托盘，超高码放。

（6）禁止占用消防通道摆放。

（五）拒收规则和常见拒收情况

1．拒收规则

商品拒收原因如表2-4-4所示。

表2-4-4 商品拒收原因例表

类别	拒收原因
商品信息	商品编码、型号、颜色、商品描述、保质期、商品条码和系统不一致，或无商品条码、条码不可读取等
	“三无”产品，即包装上无商品名称、厂家名称、厂家生产地址
	商品型号、重要标识、商品名称磨损看不清或可以看到其他平台Logo标志的
商品包装	商品外包装褶皱、划痕、污渍、雨淋、陈旧，原厂封贴开封或有二次封贴；内包装破损、渗漏等
商品效期	启用保质期管理的商品没有标示保质期期限、保质期模糊、效期不符等
商品数量	套装商品不全或附件赠品缺失
	收货时与供应商当面清点出现多货/错货、危险品等
法规类	国家规定实行生产许可证制度管理的产品目录（66类），没有“QS生产许可”标志及QS号码的
	保健食品没有蓝帽子“保健食品”标志的，食品外包装无营养成分表
	商品外包装出现国家禁用标识，比如“驰名商标”“人民大会堂”等

2. 常见拒收情况

（1）标签问题。

标签规范：应使用70mm × 30mm标签，CODE128码制式，企业EAN码需正方向覆盖在原条码上，且条码方向保持一致，码放整齐，贴码不得覆盖任何商品信息；“套装勿拆”标签张贴于封口处，不允许覆盖任何商品信息。

错误问题1：张贴条码未完全覆盖原条码、覆盖商品信息、条码不可扫描、不可读取。

错误问题 2：“套装勿拆”标签未贴于封口处；覆盖商品包装信息。

（2）保质期问题。

严格按照《保质期商品管理办法》规定执行。

错误问题1：套装商品标注日期里外不一致。

错误问题2：日期模糊、印刷不清晰、印刷位置不明显、手写涂改等；保质期标签遮盖商品信息。

错误问题3：保质期维护错误。

错误问题4：进口商品没有粘贴中文标示；中文标签磨损，信息看不清。

（3）封口贴问题。

封口贴不能有任何磨损、断口。

错误问题：实物不符，请保证所送商品与单据相符，包含不限于商品型号、颜色、商品描述等。

（六）调拨入库要求

1. 规范

商品调拨操作规范如表2-4-5所示。

表2-4-5　商品调拨操作规范例表

<table>
<tr><th>流程</th><th>类别</th><th>责任人员</th><th>操作规范</th></tr>
<tr><td rowspan="3">实物验收</td><td rowspan="2">封箱类</td><td>入站人员</td><td>入站人员根据《承运出库交接表》/《调拨派工汇总表》与驾驶员/送货工当面验收，确认无误后在《承运出库交接表》/《调拨派工汇总表》上对应收货地点下的“实际签收”栏处进行签收，验收内容如下：
外包装，检查包装箱表面无褶皱、破洞以及边角破损、凹陷；纸质包装箱专用封箱胶带是否贴好，并且无异常破损；封箱贴无异常破损；周转箱封签是否完好等；重量是否相符</td></tr>
<tr><td>入库人员</td><td>收货开箱验货规范：
商品检验时，有监控系统的须在监控系统下进行
开箱核对装箱清单、实物型号、数量是否一致
对于全封的机器，只需检查封口贴是否有异常，无异常则无须开箱验机，有异常则进行开箱验机。开箱检查每部机器包装是否完好、后盖是否打开（防止机模）、附件是否齐全（包括电池、充电器、存储卡、耳机、手写笔、皮套、说明书、售后服务指南、保卡等）
核对《调拨交货单》/《物流运单》和《装箱清单》是否一致
对于《装箱清单》和实物、《装箱清单》和《调拨交货单》/《物流运单》，在型号、数量不一致或缺附件等异常情况下，及时拍照取证，并在事故平台中提交责任认定流程，同时，在系统中进行调拨收货</td></tr>
<tr><td>非封箱类</td><td>入库人员</td><td>收货人员根据《调拨交货单》/《物流运单》或《调拨派工汇总表》与驾驶员/送货员当面进行验收实物，核对商品包装是否完好，型号、数量是否一致，确认无误后在《承运出库交接表》/《调拨派工汇总表》上签字确认</td></tr>
<tr><td rowspan="2">系统过账</td><td>封箱类</td><td rowspan="2">入库人员</td><td>与驾驶员/送货员验收交接后5分钟内在系统中进行箱码入站，开箱验收实物无误后2小时内在系统中办理收货过账（单品类商品需在系统中进行逐台扫码收货）</td></tr>
<tr><td>非封箱类</td><td>与驾驶员/送货员验收交接后5分钟内在系统中进行收货过账</td></tr>
</table>

2．调拨入库时效

调拨入库操作时效如表2-4-6所示。

表2-4-6　调拨入库操作时效例表

操作环节	时效	责任部门	要求
入站	与驾驶员/送货员验收交接后5分钟内在系统中进行箱码入站	分拨	按照入站交接标准执行
入库	开箱验收实物无误后2小时内在系统中办理收货过账	仓-收货	封箱类：按照收货规范执行；非封箱类：按照交接标准执行，入站24小时内完成入库
出险	过账的同时提交出险流程	仓-收货	及时协调处理出险、跟进出险流程直至审批结束
定责	3天内跟进定责流程至结束	总部小件经营中心	根据出险依据、定责标准及时定责
赔付	—	责任公司	责任公司及时将赔偿款项转至收货公司；入库仓的财务负责人跟进追责到位

3. 异常处理流程

调拨入库异常处理流程如表2-4-7所示。

表2-4-7 调拨入库异常处理流程

序号	流程名称	内容
1	OA出险	在型号、数量不一致或缺附件、破损等异常情况下，及时拍照取证，并在OA中提交责任认定流程，发现异常时应在24小时内报出险，超过出险时效未出险的为当前环节责任
2	定责	根据出险依据、定责标准及时定责，3天内跟进定责流程至结束
3	赔偿	根据定责结果，责任公司及时将赔偿款项转至收货公司；入库仓的财务负责人跟进追责到位
4	调账	收到赔偿后，入库仓负责完成系统库存调整

（七）收货区管理

1. 收货区管理要求

（1）保持收货区域畅通，禁止无关商品堆放及占用收货区。

（2）待收、已收商品标识明确。

（3）收货托盘摆放集中、整齐。

（4）收货RF手持及电池、电脑、秤、收集器等保管与交接完好。

（5）月台、收货区干净整洁。

（6）每日收货单据及时整理、归档。

（7）规范使用液压升降平台、卷帘门、液压车等，保障日常卸货及码放作业人员、商品安全。

（8）工作日清，异常事件及时上报。

2. 收货区岗位工作职责

收货区岗位工作职责如表2-4-8所示。

表2-4-8 收货区岗位工作职责例表

岗位	工作职责
单证员	审核供应商的预约单，做预约车辆登记，打印入库任务作业单
	对收货条码打印费和装卸费及快递员欠费收款做账和上交
	审核退厂订单
收货部长	负责召开每周的周会，总结前周工作情况，部署本周工作任务；提出下周工作目标
	负责收货组人员的排班、考勤及日常管理和绩效考核
	负责对异常事件进度跟踪
	负责监控收货数据
	负责参加大区组织的会议，并提出问题和相关建议
	负责参加库区安全及消防检查

续表

岗位	工作职责
收货主管	负责预约单审核和《采购入库作业通知单》的打印
	负责监督收货工作规范
	负责协调相关部门工作，以保证收货组工作顺利进行
	负责对异常事件进行处理及上报收货部长
	负责组织对新入职员工的培训和在职员工的培训，并做培训记录表
	负责监控现场收货情况和协调
收货组长	负责召开每日的晨会，总结前日工作情况，部署当日工作任务
	负责管理月台的车辆分配
	负责监督月台的商品卸货和拼盘标准
	负责月台托盘和料箱的整理
	负责采购、调拨入库商品的作业
	负责入库商品与库内组的交接
	负责整理当日收货数据，和中转仓数据的跟踪
	负责本组收货差异的登记并跟踪处理。差异记录一览表保存并每天下班前反馈给主管和部长
	负责其他涉及收货的业务处理
叉车司机	对电动叉车进行日常保养和检修，下班停放在指定车位充电
	叉取移动托盘时，需关注对讲机的语音消息，及时调整优先进度
	在叉托盘前，应准确判断托盘上的商品堆码安全性
	叉车司机运输承载货物的托盘到目的地时，因叉车停放过快造成托盘重心不平衡进而导致商品报损，叉车司机应承担责任

二、发货应知应会

（一）发货作业流程

发货作业的流程如下：任务创建→批次创建→拣选→包装→交接。

（二）发货常用设备及管理要求

1．常用设备

（1）面单打印机。

用途：用于打印面单。

管理须知：

①备用设备存放专门储藏室，禁止暴露在潮湿或暴晒环境。

②面单机实行资产管理，资产标签贴在机身左上角空白处。

③月度进行库存盘点。

（2）发票打印机。

用途：用于发票打印。

管理须知：

①备用设备存放专门储藏室，禁止暴露在潮湿或暴晒环境。

②发票机实行资产管理，资产标签贴在机身左上角空白处。

③月度进行库存盘点。

（3）扫码枪。

用途：用于批次/料箱/串码等信息快速输入。

管理须知：

①备用设备存放专门储藏室，禁止暴露在潮湿或暴晒环境。

②使用完成后需归位，杜绝随意摆放。

③扫码枪进行台账管理，月度进行库存盘点。

2. 管理要求

（1）设备有损坏的，及时上报现场管理员，现场管理员使用备用的设备代替，旧设备及时返回给设备管理员，现场严禁存放损坏的设备，需要送修出仓库的必须办理出入库手续。

（2）超7天不用的设备统一使用塑料袋将主机、显示器、面单机封存套好。每周、每月进行盘点，日常的设备每日要进行除尘。

（3）禁止任何人私自拆卸工位上的设备。

3. 耗材使用管理

仓库发货使用的耗材，包括纸箱类（商品纸箱等）、贴膜类（缠绕膜、标签贴、转印章贴等）、塑料袋类（塑料袋、发票袋、塑料窗口）、气垫膜（小波浪气垫膜、单颗气垫膜、小气泡等）以及其他类。

（1）耗材使用管理规范。

申请：每月20日提交耗材需求申请给耗材管理人员，耗材需求根据历史耗材使用数据、作业量及预测作业量预测耗材需求。

领用：每周固定一天为耗材领用日，领用下周的耗材；制作领用台账，每周更新。

使用管理：必须严格执行用什么扫什么，严禁在工位上粘贴通码。耗材选取要合适，严禁使用过大过小包装。

现场管理：领用的耗材放置在各包装区域的专用存储区域，必须保证干燥、避免阳光直射；工位耗材摆放整齐，禁止随便乱放，禁止非工位及专用存储区域外出现散落耗材。

（2）耗材成本管控策略。

在现场管理中，主要可以从以下几点对耗材进行成本管控，如加大回收纸箱使用力度；加强现场巡检，合理使用耗材，提高单颗粒使用比例；坚持包裹抽检，每日通报耗材浪费操作人员等。

（三）包装操作要领

商品包装操作如表2-4-9所示。

表2-4-9　商品包装操作六步表

一看	看商品	商品表面如有污渍，污渍清除才能发
二选	选包材	隐私商品用隐私袋，数量较多可装纸盒；易碎商品用纸盒
	选规格	包材大小要合适，过大过小均不行
三扫	扫码	所有商品必须扫码
四包	包液体商品	瓶盖拧紧、整体缠绕、正立装箱，并放填充物
	包手机等贵重商品	贵重商品要填充，保证内部不碰撞、晃动
	包易碎商品	纸盒包装，并放填充
	包隐私品	特殊隐私品用盒子包装
	包有礼品袋商品	按规定放置礼品袋
五封	封箱	胶带粘贴需做到“横平竖直”，“工字”“王字”封口法
六贴	贴纸盒	面单粘贴于盒子的侧面左上角
	贴塑料袋	面单粘贴于塑料袋正面，且必须平整
	必须保证一个顾客面单只对应一个包装箱，一个包装箱只对应一个顾客标签	

（四）现场管理要求

1．区域标识要求

（1）包装区域悬挂具体包装类型牌。

（2）使用本企业Logo，颜色符合本企业标识设计要求。

（3）与库内其他标识同一模板。

2．地标线管理要求

（1）作业区域使用蓝色地标线环绕。

（2）人行通道用绿色地标线隔离。

（3）警示线在自动化线体外设置（黄黑线）。

3．工位管理要求

（1）工位设置编号，桌面规划设备放置区域。

（2）所有设备必须放置对应区域，使用完成后归位。

（3）纸箱、耗材分品类依次摆放，要求整洁、不混放。

（4）每个工位配置垃圾桶，所有杂物禁止乱扔。

（5）摄像头监控对准包装区域，严禁在区域外进行打包作业。

（6）电源线、网线等要匝口、固定。

4．上下游交接管理（与库内交接）要求

（1）RF拣选。库内和包装交接人员现场使用RF扫码枪查询并验点容器的数量，完成RF交接；现场异常由库内人员解决，解决完成后容器交接包装。

（2）纸张拣选。现场验点、双签交接，现场异常由库内记录差异并安排解决，批次上注明差异，可先交由包装作业；待处理完成，交由相应包装作业人员。

5. 上下游交接管理（与分拨交接）要求

（1）线上交接。有自动分拣设备根据读码器记录交接；无自动分拣设备的传送带设备可与分拨约定包装完成即交接完成。

（2）线下交接。设置专用交接工位，包装人员和分拨人员双方验点完成后，使用系统完成箱码交接，有交接批次即完成交接；货物丢失在发车前已经过账未交接为分拨责任（分拨发车前未提出疑义）。

6. 现场作业管理要求

（1）整体要求。早、晚会制度；物资提前准备；发车节奏控制；定时定点巡检。

（2）拆零作业要求。包裹抽检；监控盘点。

（3）整件作业要求。执行交接管理制度。

7. 3C串码类出库

（1）扫码过账。所有商品必须逐个扫描串码过账，确保包裹和商品串码完全一致。严禁错发、多发、少发。

（2）监控作业。打包需在打包监控摄像头监控区域作业，禁止在无摄像监控区域进行包装作业；出现问题无视频监控资料默认为仓库责任。

（3）3C交接。所有包裹需与分拨当面进行交接，当日作业任务当日清理完成。

8. 包裹及视频抽查管理要求

抽查频次：每天。

抽检数量：按发货比例抽检，非3C抽检比例为1%，3C抽检比例为5%。

抽检记录：按天记录，每日反馈。

抽检结果：不合格包装需在第二天晨会通报，月度出现两次以上需处罚责任人200元。

9. 销退拦截管理要求

（1）批次登记。所有退货进行登记，记录批次和商品信息，并把退货商品放置退货区。

（2）退货交接。晚班把当日的所有退货商品明细及原仓位导出，打出交接表，与退货区商品一一对应；白班与库内人员交接完成。

10. 异常管理要求

（1）设置异常工位。

（2）操作人员将异常信息记录并将商品交由异常处理人员。

（3）异常处理人员分析异常出现原因，对接库内人员及时解决差异。

（4）登记异常处理并记录责任人，如库内责任则将登记记录同步库内。

补充阅读

由中国仓储与配送协会等企事业单位组织起草的国家标准《绿色仓储与配送要求及评估》

（GB/T 41243—2022），已由中国国家标准化管理委员会批准公布，并于2022年10月1日起实施。该标准规定了绿色仓储与配送的基本要求、仓储要求、配送要求和包装要求，并给出了评估指标，适用于一般货物的仓储与配送。通过实施该文件，面向全社会相关企业推广绿色仓储配送的理念和技术，引导企业积极承担社会责任，以绿色发展为目标，推动节能、降耗、减排，有效降低企业运营成本，促进仓储配送行业健康发展，感兴趣的同学可自行查阅。

• 项目测试

一、单项选择题

1．入库管理工作的任务是根据（　　），严格执行入库工作流程，认真、及时、准确地做好商品的接运、验收、入库信息处理等工作，确保入库商品的质量符合有关规定和技术要求。

A．有效入库凭证　　B．订购单　　C．入库单证　　D．发货通知单

2．（　　）不是商品的基本信息。

A．商品种类　　B．商品特性　　C．商品数量　　D．商品产地

3．用以表明物品所处业务状态或阶段的标志是（　　）。

A．数量卡　　B．位置卡　　C．保管卡　　D．状态卡

4．物料装卸搬运的活性，可分为不同级别的活性指数，（　　）表示物料杂乱地堆在地面的状态。

A．0级　　B．1级　　C．2级　　D．3级

5．（　　）堆垛方式，适用于管材、捆装、长箱装物品等。

A．重叠式　　B．纵横交错式　　C．压缝式　　D．通风式

6．定期订货法中，订货周期T的计算公式是（　　）。

A．$T=\sqrt{\dfrac{2C}{KD}}$　　B．$T=\sqrt{\dfrac{KD}{2C}}$

C．$T=\sqrt{\dfrac{K}{2CD}}$　　D．$T=\sqrt{\dfrac{2CD}{PF}}$

7．ABC分类中，B类商品盘点的周期是（　　）。

A．每两周或三周盘点一次　　B．每天或每周盘点一次

C．每个月盘点一次　　D．每两个月或者更长时期盘点一次

8．下列不属于经济订货批量模型假设的是（　　）。

A．购买价格或运输费率等是固定的，并与订购的数量、时间无关

B．没有在途库存

C．只有一项商品库存，或虽有多种库存，但各不相关

D．资金可用性有一定限制

9．在进行货物重量验收时，不同的商品都会存在不同的允许磅差率范围，其中生铁、废

铁的允许磅差率范围是（ ）。

A. ±2‰ B. ±3‰ C. ±4‰ D. ±5‰

10. 在采用计件法验收国内固定包装的小件商品时，可以采用抽验法，抽验的比例是（ ）。

A. 1%~3% B. 3%~5% C. 5%~15% D. 15%~30%

二、多项选择题

1. 商品验收的依据有（ ）。

A. 入库通知单 B. 订货合同 C. 调拨通知单
D. 采购计划 E. 主生产计划

2. 感觉器官对产品质量特性适用于（ ）。

A. 形状 B. 颜色 C. 气味 D. 刚度

3. 商品出库需要符合的有关规定与要求有（ ）。

A. 凭证出库 B. 严格执行出库业务程序 C. 准确
D. 及时 E. 分货

4. 下列属于货物入库业务准备工作的有（ ）。

A. 单证准备 B. 设备准备 C. 验收准备 D. 人员准备

5. 以下属于下货验收作业注意事项的是（ ）。

A. 注意货品的安全性 B. 注意交接的单据是否完整
C. 注意有无差异 D. 注意使用礼貌用语

6. 在选择货位时，应当遵循的原则是（ ）。

A. 距离最短 B. 最快捷 C. 成本最低 D. 最适合

7. 下列属于传统检测工具的是（ ）。

A. 磅秤 B. 卷尺 C. RF终端 D. EDI

8. 退货整理员将退货收货员验收好的货品依据类别进行分类，这些类别分别是（ ）。

A. 供应商 B. 生产日期 C. 货品的状态 D. 货物形状

9. 补货前对货品信息的核对是对后续操作顺利进行的保证，这些信息指的是（ ）。

A. 外包装 B. 名称 C. 数量 D. 条码

10. 库存从生产过程角度来分类，可以分为（ ）。

A. 原材料库存 B. 在制品库存 C. 维修库存 D. 成品库存

11. 经济订货批量模型中，涉及的成本主要包括（ ）。

A. 订货成本 B. 储存成本 C. 进货与购买成本 D. 缺货成本

12. 常用的库存控制方法主要包括（ ）。

A. JIT库存管理法 B. ABC重点控制法 C. 定量订货法 D. 定性订货法

13. 仓储业务流程，主要由（ ）三个阶段组成。

A. 入库 B. 验收 C. 堆码 D. 保管 E. 出库

14．ABC分类管理的措施中，针对B类物料的采购方式可以是（　　）。

A．采用定期订货方式　　B．采用定量订货方式

C．定期定量相结合方式　　D．经济订货批量方式

15．在仓库在库作业环节中，货位的存货方式主要分为（　　）。

A．阶梯型　　B．固定型　　C．流动型　　D．循环型

16．商品盘点时要检查商品质量，下面属于查质量的内容的是（　　）。

A．检查商品有无受潮、锈蚀，甚至是变质情况

B．检查有无超过保管期限和长期积压现象

C．检查证件是否齐全，是否证物相符

D．检查商品有无发霉、干裂、鼠咬等情况

17．当盘点结束时，发现账货不符时，应追查差异的原因。差异的原因有可能是（　　）。

A．盘点方法不对，漏盘、重盘　　B．因盘点制度导致账货不符

C．记账错误　　D．账货处理制度有缺陷

三、判断题

1．在仓库中，质量验收主要是进行理化检验。（　　）

2．大批量商品的尺寸检验一般采用全部检验的方式进行。（　　）

3．货跺“五距”应符合安全规范要求。其中，柱距一般为0.1~0.3m。（　　）

4．A类库存品种数量较多，但占用的金额较少，管理办法简单。（　　）

5．一些价格昂贵的物资适合采用定量订货法。（　　）

6．商品进入仓库储存后，一般不发生不正常的变化，因此不需要仓库对仓储物进行维护、养护。（　　）

7．商品入库业务也叫作收货业务，它是仓储业务的开始。（　　）

8．仓库保管人员不需要对入库货物进行经常性核对，入库时核对一次即可。（　　）

四、业务操作题

某企业每年需要购买8000套儿童服装，每套服装的价格是100元，其年储存成本是3元/件，每次订购成本为30元。问：最优订货数量、年订购次数和预期订货时间间隔为多少？（每年按360天计算）

项目三　配送作业管理与实务

项目导学

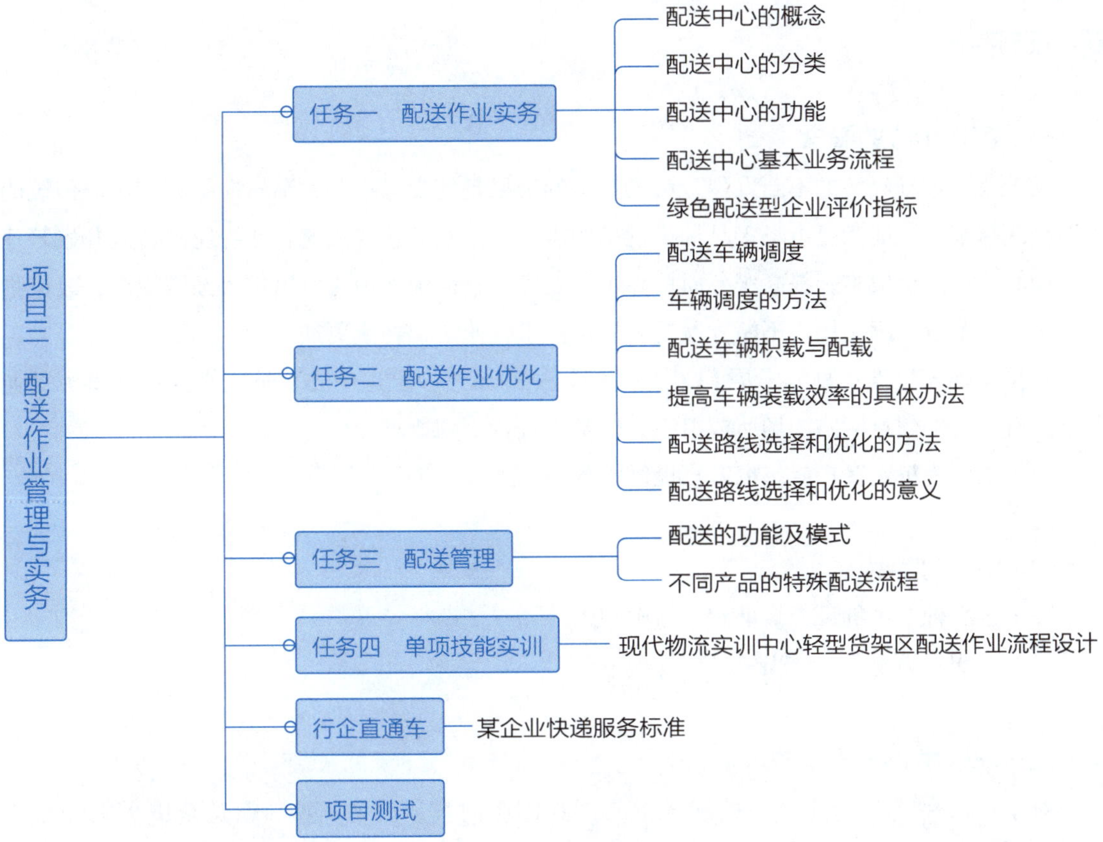

学习任务

任务一　配送作业实务

学习目标

1. 掌握配送中心的基础知识和作业流程
2. 熟知配送作业安全制度和处理措施
3. 顺利完成订单处理和配送作业
4. 能用信息系统完成相关单据的处理
5. 培养学生系统性思考和防控应急的能力

任务导入

小赵是某配送中心新入职的实习生，公司为其安排了一线作业岗位轮岗实习，通过此次轮岗，小赵需要了解配送中心和作业环节的岗位职能与流程标准，学会使用WMS、RF手持终端等系统，并提高对异常情况的防控与处理能力，采用有效手段保护个人和作业安全。

思考与讨论：该配送中心配送作业的基本业务流程有哪些？

任务实施

一、配送中心的概念

随着我国市场经济的不断发展，市场竞争的结果是使卖方市场逐渐转向买方市场。传统的流通模式越来越不能满足市场多品种小批量的需求，一些商业或流通企业纷纷准备或开始筹建配送中心，以降低成本，提高服务质量和水平。通过建设配送中心可以扩大经营规模，改进物流与信息流系统，满足用户不断发展的多样化需求，使末端物流更加合理。

根据《国家标准：物流术语》（GB/T 18354—2006），“配送中心”被定义为：从事配送业务且具有完善的信息网络的场所或组织，应基本符合下列要求。

（1）主要为特定客户或末端客户提供服务。

（2）配送功能健全。

（3）辐射范围小。

（4）多品种、小批量、多批次、短周期。

（5）以配送为主，存储为辅。

二、配送中心的分类

对于不同种类与行业形态的配送中心，其作业内容、设备类型、营运范围可能完全不同，但是系统规划分析的方法与步骤有共同之处。配送中心的发展已逐渐由以仓库为主体向信息化、自动化的整合型配送中心发展。企业的背景不同，其配送中心的功能、构成和运营方式就有很大区别，因此在配送中心规划时应充分考虑。随着经济的发展和流通规模的不断扩大，配送中心不仅数量增加，而且也由于服务功能和组织形式的不同演绎出许多新的类型。标准不同，分类的结果也不一样。

（一）按配送中心归属分类

1. 自有型配送中心

自有型配送中心是指隶属于某一个企业或企业集团，通常只为本企业提供配送服务。连锁经营的企业常常建有这类配送中心，如华润苏果公司所属的配送中心，就是公司独资建立并专门为本公司所属的连锁企业和门店提供商品配送服务的自有型配送中心。

2. 公共型配送中心

公共型配送中心是以盈利为目的，面向社会开展后勤服务的配送组织，其特点是服务范围不限于某一个企业。在配送中心总量中，这种配送组织占有相当大的比例，并随着经济的发展其比例还会提高。

（二）按配送中心辐射服务范围分类

1．城市配送中心

城市配送中心是一种以城市作为配送范围的配送中心，其特点是多品种、小批量，配送距离短，要求反应能力强，提供门到门的配送服务，根据城市道路的特点，运载工具常为小型汽车。另外，城市配送的对象多为连锁零售企业的门店和最终消费者，如我国很多城市的食品配送中心、菜篮子配送中心等都属于城市配送中心。

2．区域配送中心

区域配送中心是一种具有较强辐射能力和库存储备能力的配送中心。这种配送中心规模较大，库存商品充分，客户较多，配送批量也较大，辐射能力强，配送范围广，可以跨省、市开展配送业务，其服务对象通常是下一级配送中心、零售商或生产企业用户。

三、配送中心的功能

一般的仓库只重视商品的储存保管，传统的运输只是提供商品运输而已，而配送中心则是重视商品流通的全方位功能，同时具有商品储存的功能。配送中心的功能全面完整，它把收货验货、储存保管、装卸搬运、拣选、流通加工、配送、结算和信息处理有机地结合起来，通过发挥配送中心的各项功能，大大地压缩整个连锁企业的库存费用，从而降低整个物流系统的成本，提高企业的服务水平。配送中心一般具备如下一些功能。

（一）集货功能

为了能够按照用户要求配送货物，尤其是多品种、小批量的配送，首先必须集中满足用户需求的数量和品种的备货，从生产企业取得种类、数量繁多的货物，这是配送中心的基础职能，是配送中心取得规模优势的基础所在。一般来说，集货批量应大于配送批量。

（二）储存功能

储存在配送中心创造着时间效用。配送依靠集中库存来实现对多个用户的服务，储存可形成配送的资源保证，可有效地组织货源，调节商品的生产与消费、进货和销售之间的时间差，这是配送中心必不可少的支撑功能。为保证正常配送特别是即时配送的需要，配送中心应保持一定量的储备。

（三）拣选功能

拣选是配送中心区别于一般仓库和送货的标志。为了将多种货物向多个用户按不同要求、种类、规格、数量进行配送，配送中心必须有效地将储存货物按用户要求拣选出来，并能在拣选基础上按配送计划进行理货，这是配送中心的核心功能之一。为了提高拣选效率，应配备相应的拣选装置，如货物识别装置、传送装置等。

（四）配货功能

将各用户所需的多种货物在配货区有效地组合起来，形成向用户方便发送的配载，这也是配送中心的核心功能之一。分拣职能和配货职能作为配送中心不同于其他物流组织的独特职能，作为整个配送系统水平高低的关键职能，已不单纯是完善送货、支持送货的准备，它还是配送企业提高服务质量和自身效益的必然延伸，是送货向高级形式发展的必然要求。

（五）装卸搬运功能

配送中心的集货、理货、装货、加工都需要辅之以装卸搬运，有效的装卸能大大提高配送中心的水平。这是配送中心的基础性功能。

（六）配装功能

在单个客户的配送数量不能达到配送车辆的有效载运负荷时，就存在着如何集中不同客户的配送物品进行搭配装载以充分利用车辆的运能、运力问题，这一工作过程就是配装，也叫配载。配送中心和一般送货的不同之处也在于此。配送中心可以通过配装送货大大提高送货水平和车辆利用率，降低送货成本。

（七）送货功能

虽然送货过程已超出配送中心的范畴，但配送中心仍对送货工作指挥管理起决定性作用，送货属于配送中心的末端职能。配送运输中的难点是如何组合形成最佳配送路线，如何使配装和路线有效搭配。

（八）流通加工功能

配送中心为促进销售、便利物流或提高材料的利用率，按用户要求并根据合理配送的原则对商品进行下料、打孔、解体、分装、贴标签、组装等初加工活动，因而使配送中心具备一定的加工能力。流通加工不仅提高了配送中心的经营和服务水平，也有利于提高资源的利用率。经济高效的运输、装卸、保管一般需要大的包装形式，但在配送中心下位的零售商、最终客户，一般需要小的包装。为解决这一矛盾，有的配送中心设有流通加工部门。流通加工与制造加工不同，它对商品不作性能和功能的改变：仅仅是作商品尺寸、数量和包装形式的改变。例如，粮油配送中心是将大桶包装加工成瓶状小包装，饲料配送中心则是将多种饲料的大包装加工成混合包装的小包装。

（九）信息处理功能

配送中心除了具有上述功能外，还能为配送中心本身及上下游企业提供各式各样的信息情报，以供配送中心营运管理政策制定、商品路线开发、商品销售推广政策制定参考。例如，哪一个客户订多少商品，哪一种商品比较畅销，从计算机的分析资料中可以很快获得答案，甚至可以将这些宝贵资料提供给上游的制造商及下游的零售商当作经营管理的参考。配送中心不仅实现了物的流通，而且也通过信息来协调配送中各环节的作业，协调生产与消费等。配送中心的信息处理是全物流系统中重要的一环。

四、配送中心基本业务流程

配送的模式不同，在基本共性流程上，具体操作可能略有出入。以配送中心为例，若使用社会化快递体系只需完成“创建任务及拣选作业—分拣作业—包装作业—集货作业—装车交接作业”即可，收货作业基本流程与仓储部分入库作业流程基本一致，后续不再赘述，可参考前面章节。

配送中心从接受订单创建配送任务开始，需要完成以下作业：

①创建任务及拣选作业：接受订单，在WMS中生成作业计划，完成拣选、配货作业。

②分拣作业：将批量拣选的商品（播种式拣选）分拣至不同的拣选容器。

③包装作业：根据订单性质对拣选商品进行商品包装、运输包装等。

④集货作业：将完成包装的商品按要求集货至指定区域。

⑤装车交接作业：按照装载计划和任务，完成装配上车作业。

⑥中转分拨作业：配送车辆到达分拨中心进行中转分拨作业。

⑦配送站点作业：终端站点完成到货、出站、配送至客户的作业。

（一）创建任务及拣选作业

创建任务及拣选作业的流程如图3-1-1所示。

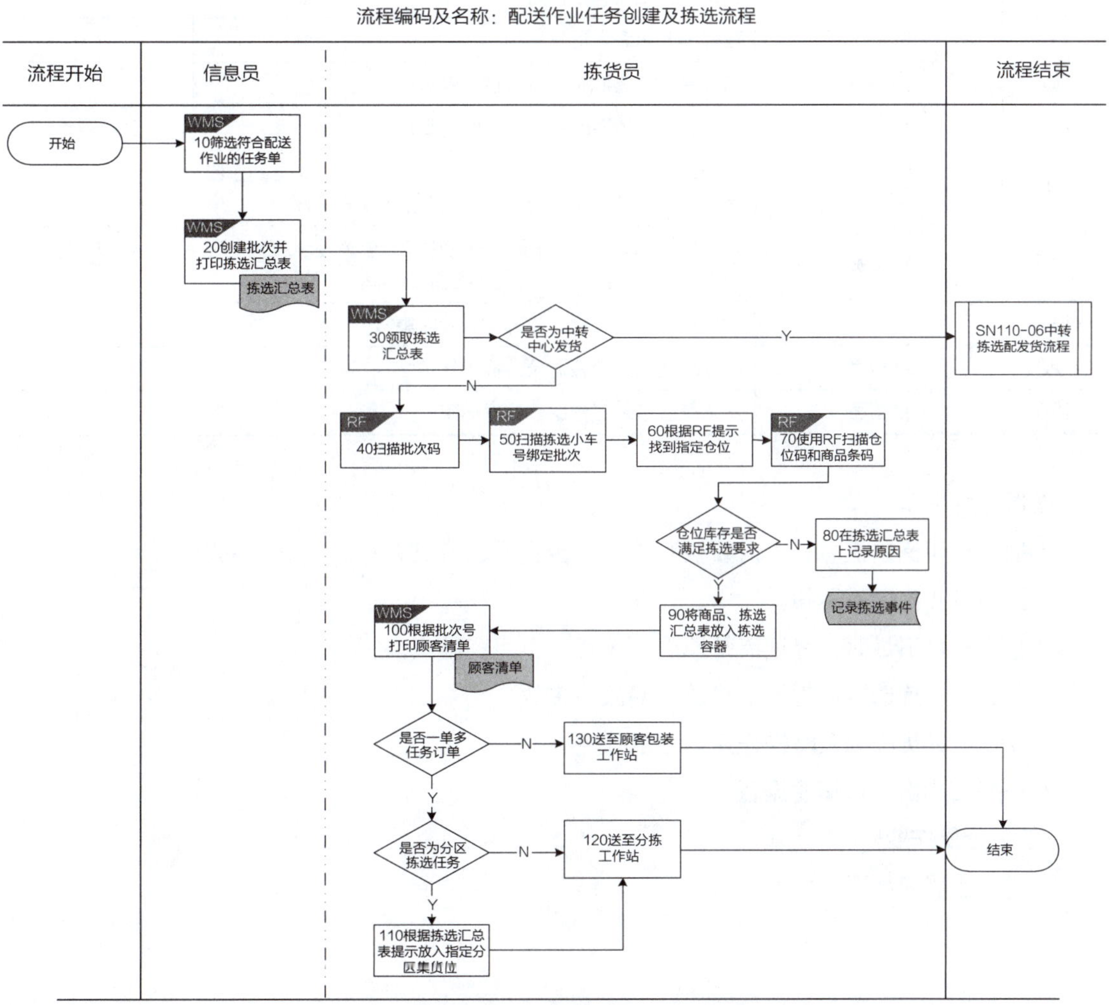

图3-1-1　创建任务及拣选作业流程图

流程说明如表3-1-1所示。

表3-1-1 创建任务及拣选作业流程图说明表

序号	操作部门 / 岗位	步骤说明	涉及单据
10	信息员	在WMS系统中筛选符合配送作业的任务单	—
20	信息员	在WMS系统中创建批次并打印拣选汇总表	拣选汇总表
30	拣货员	领取拣选汇总表	—
判断	拣货员	是否为中转中心发货，如“是”，转入中转拣选配发货流程；如“否”，进入下一步	—
40	拣货员	使用RF扫描拣选汇总表的批次码	—
50	拣货员	使用RF扫描拣选小车号绑定批次	—
60	拣货员	根据RF提示找到指定仓位	—
70	拣货员	使用RF扫描仓位码和商品条码	—
判断	拣货员	仓位库存是否满足拣选要求，如相符进入下一步	—
80	拣货员	在拣选汇总表上记录原因	—
90	拣货员	将商品、拣选汇总表放入拣选容器	—
100	拣货员	使用WMS根据批次号打印顾客清单	顾客清单
判断	拣货员	是否一个订单包含多个拣选对象，如“否”，送至顾客包装工作站；如“是”，判断是否为分区拣选任务	—
判断	拣货员	如“是”，分区拣选任务，根据拣选汇总表提示放入指定分单集货位；如“否”，送至分拣工作站	—
110	拣货员	根据拣选汇总表提示放入指定分区集货位	—
120	拣货员	将拣配完成的商品送至分拣工作站	—
130	拣货员	送至顾客包装工作站，流程结束	—

操作注意事项：

①批量打印拣选汇总表，需要核对单据是否完成，及时补打、领取汇总表。

②扫码时要确保不漏扫。

③仓位库存不足时，登记清楚原因：无货、不足、破损。

④商品放入拣选容器时不要错放、漏放、多放。

⑤发货单证员准确及时操作系统生成任务。

⑥拣配员严格执行作业流程。

（二）分货作业

分货作业流程如图3-1-2所示。

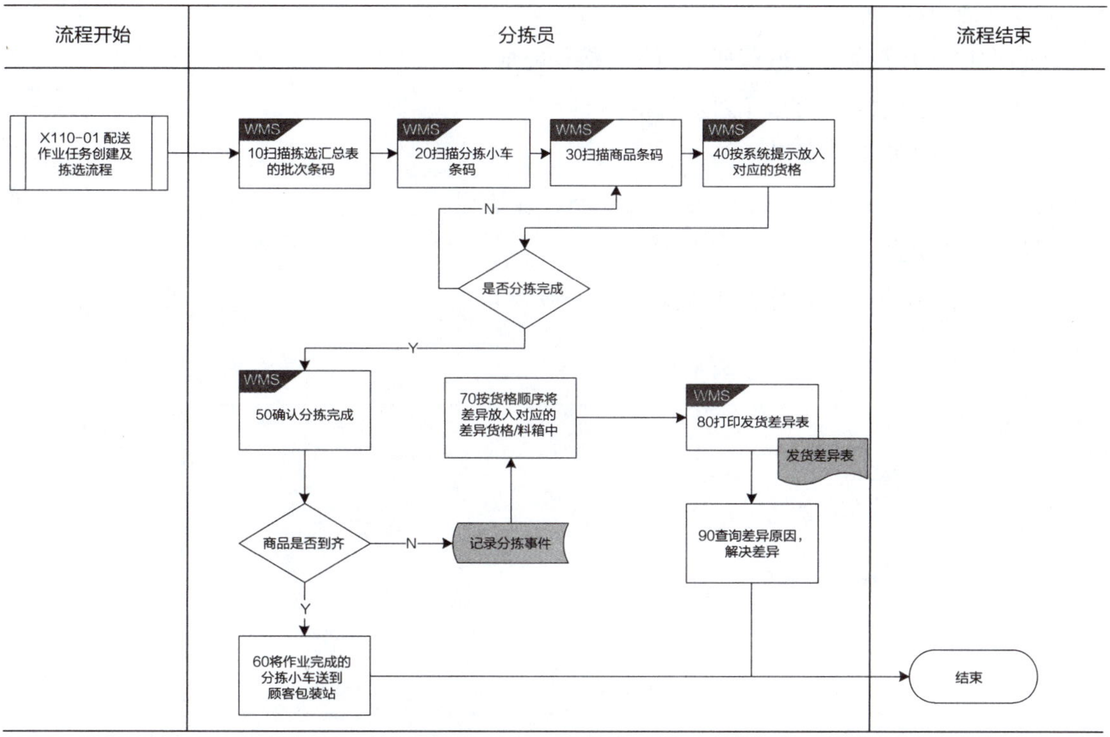

图3-1-2　分货作业流程图

流程说明如表3-1-2所示。

表3-1-2　分货作业流程图说明

序号	操作部门 / 岗位	步骤说明	涉及单据
10	分拣员	使用WMS或RF扫描拣选汇总表的批次条码，启动流程	—
20	分拣员	扫描分拣小车条码	—
30	分拣员	扫描商品条码	—
40	分拣员	按系统提示放入对应的货格	—
判断	分拣员	是否分拣完成，如“是”，进入下一步；如“否”，继续扫描商品条码	—
50	分拣员	使用WMS或RF确认分拣完成	—
判断	分拣员	商品是否到齐，如“是”，进入下一步；如“否”，记录分拣事件	分拣事件记录
60	分拣员	将作业完成的分拣小车送到顾客包装站	—
70	分拣员	按货格顺序将差异放入对应的差异货格/料箱中	—
80	商品管理专员	使用WMS打印发货差异表	发货差异表
90	商品管理专员	查询差异原因，解决差异	—

操作注意事项：

①依次扫码商品条码，确保所有商品都分拣完成。

②将商品准确地放入拣选车对应货格。

③发现差异及时记录处理。

④分拣员熟练操作WMS或RF，并严格执行作业流程。

（三）包装作业

以客户包装作业为例，作业流程如图3-1-3所示。

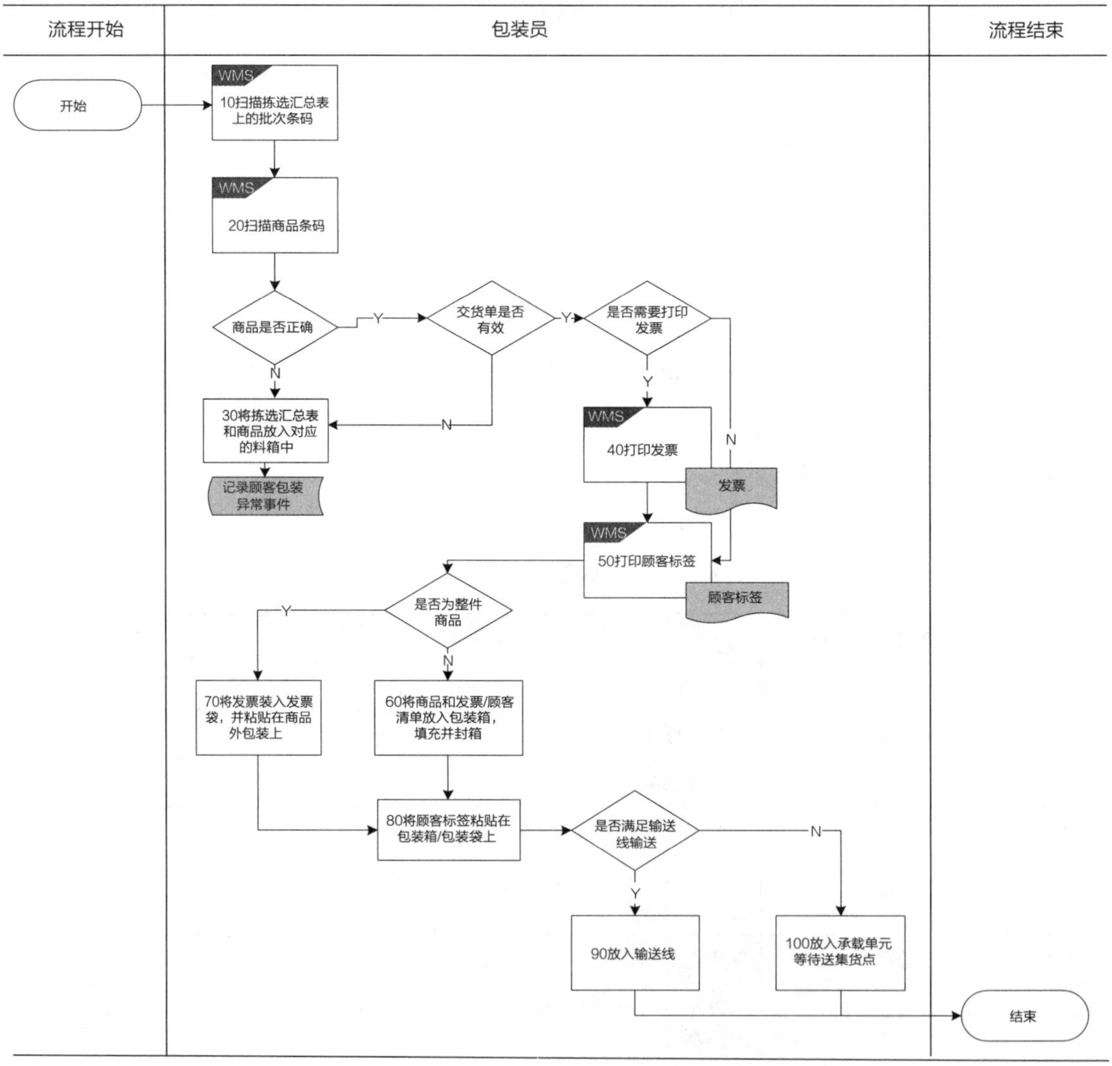

图3-1-3　客户包装作业流程图

流程说明如表3-1-3所示。

表3-1-3 客户包装作业流程图说明

序号	操作部门 / 岗位	步骤说明	涉及单据
10	包装员	使用WMS或RF扫描拣选汇总表上的批次条码	—
20	包装员	扫描商品条码	—
判断	包装员	商品是否正确，正确进入下一步	—
30	包装员	将拣选汇总表和商品放入对应的料箱中	顾客包装异常事件
判断	包装员	交货单是否有效："有效"进入下一步；"无效"转入30	—
判断	包装员	是否需要打印发票，"否"转到50；"是"进入下一步	—
40	包装员	打印发票	发票
50	包装员	打印顾客标签	顾客标签
判断	包装员	是否为整件商品，"否"转入60	—
60	包装员	将商品和发票/顾客清单放入包装箱，填充并封箱	—
70	包装员	将发票装入发票袋，并粘贴在商品外包装上	—
80	包装员	将顾客标签粘贴在包装箱/包装袋上	—
判断	包装员	是否满足输送线输送，"否"转入100	—
90	包装员	放入输送线	—
100	包装员	放入承载单元等待送集货点	—

操作注意事项：

①一个订单有多个产品，需从拣选小车上拿产品。

②严格按照拣选汇总表、商品条码顺序扫描，准确判断订单有效性。

③杜绝漏打、错打、多打发票的行为。

④整件商品要稳妥地粘贴发票。

⑤既好又省地填充内包装。

⑥避免在包装过程中漏装、错装、多装商品。

（四）集货作业

集货作业流程如图3-1-4所示。

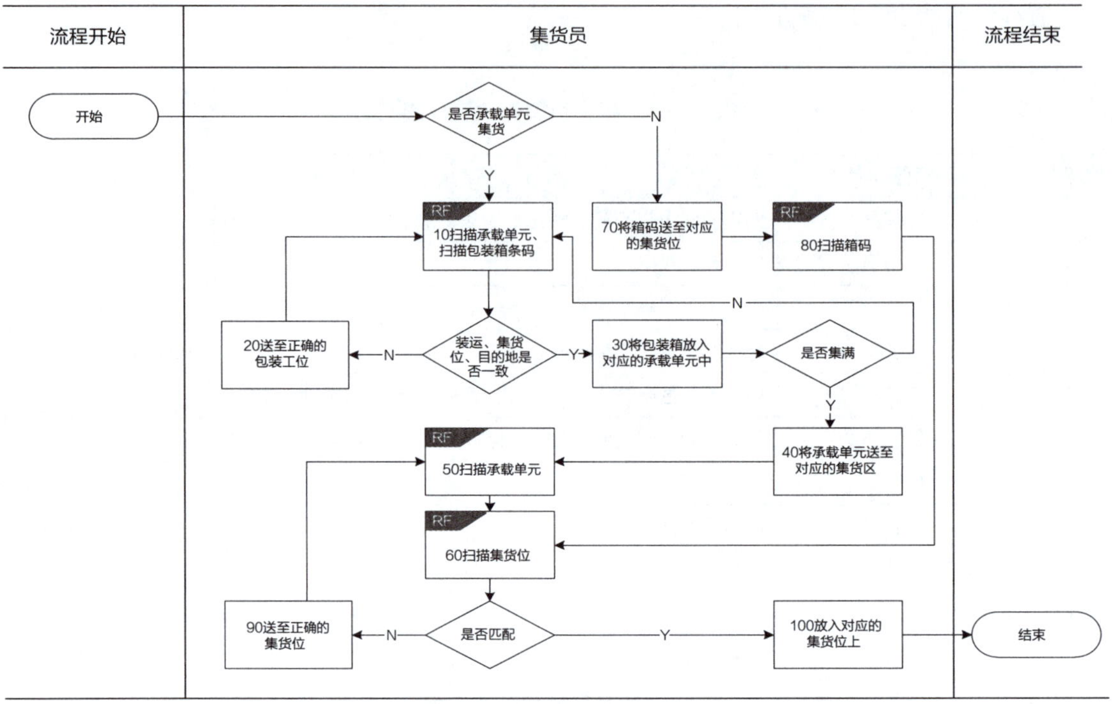

图3-1-4 集货作业流程图

流程说明如表3-1-4所示。

表3-1-4 集货作业流程图说明

序号	操作部门 / 岗位	步骤说明	涉及单据
判断	集货员	是否承载单元集货，“否”转入70	—
10	集货员	使用RF扫描承载单元、扫描包装箱条码	—
判断	集货员	装运、集货位、目的地是否一致；“否”转入20	—
20	集货员	送至正确的包装工位	—
30	集货员	将包装箱放入对应的承载单元中	—
判断	集货员	承载单元是否集满；“否”转入10	—
40	集货员	将承载单元送至对应的集货区	—
50	集货员	使用RF扫描承载单元	—
60	集货员	使用RF扫描集货位	—
判断	集货员	货位与承载单元是否匹配，“否”转入90	—
70	集货员	将箱码送至对应的集货位	—
80	集货员	使用RF扫描箱码	—
90	集货员	送至正确的集货位	—
100	集货员	放入对应的集货位上，结束流程	—

操作注意事项：

①准确判断是否需要绑定承载单元。

②按序依次扫码承载单元、箱码，如遇异常及时处理。

③准确判断装箱顺序，提高承载单元利用率。

④将商品或承载单元准确放入货位，不错放、不乱放。

⑤集货专员及时、准确、严格执行作业流程。

（五）装车交接作业

装车交接作业流程如图3-1-5所示。

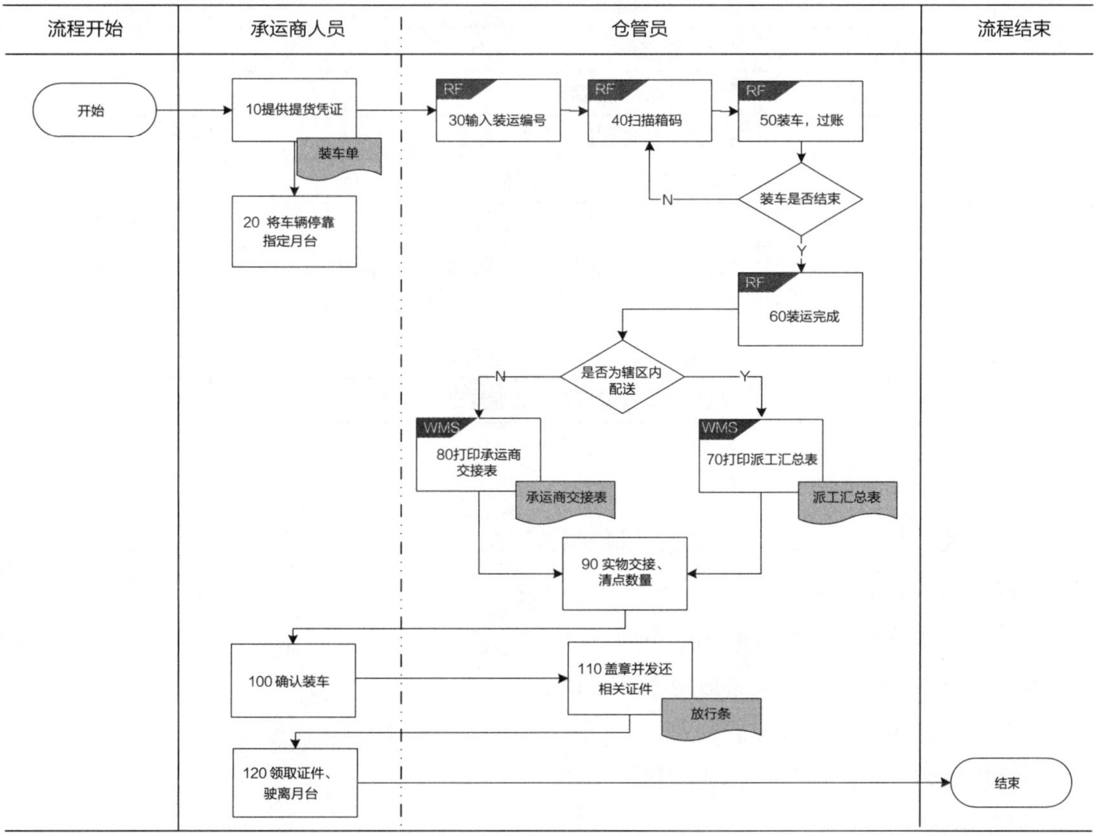

图3-1-5 装车交接作业流程图

流程说明如表3-1-5所示。

表3-1-5 装车交接作业图说明

序号	操作部门 / 岗位	步骤说明	涉及单据
10	承运商人员	将随车带来的提货凭证交仓管员	—
20	承运商人员	按仓库人员要求，将车辆停靠指定月台	—
判断	仓管员	是否使用RF装车，是转入30	—
30	仓管员	使用RF扫描装运编号	—
40	仓管员	使用RF扫描箱码	—
50	仓管员	使用RF确认装车，过账	—
判断	仓管员	装车是否结束，“否”转入40	—
60	仓管员	使用RF确认装运完成	—
判断	仓管员	是否为辖区内配送，“是”转入70	—
70	仓管员	使用WMS打印派工汇总表	派工汇总表
80	仓管员	使用WMS打印承运商交接表	承运商交接表
90	仓管员	收发人员与承运商人员实物交接、清点数量	—
100	承运商人员	承运商确认装车	—
110	仓管员	盖章确认，并向承运商发还相关证件	放行条
120	承运商人员	领取证件、驶离月台，流程结束	—

操作注意事项：

①装运编号与装运商品一一对应，杜绝错位匹配。

②严格按照装配计划按序装车。

③装车要牢靠稳固，有效利用好空间。

④与承运商人员妥善交接，避免漏签与错放。

⑤指导承运车辆按要求停放整齐，承运人员在规定场所休息。

⑥仓库收发人员严格执行作业流程。

（六）中转分拨作业

中转分拨、拆箱收货、上架等作业与前面章节所述内容一致，中转拣配发货作业与配送作业创建任务及拣选作业的流程相似，可参照相关流程。

（七）配送站点作业

配送中心装车交接结束后，司机将货物送到配送站点（快递点/作业点），完成收货及后续处理过程，配送站点是配送作业的最后一个节点，其主要流程包括收货、拆箱收货、出站、自提等作业流程，与前述流程类似。

配送作业流程如图3-1-6所示。

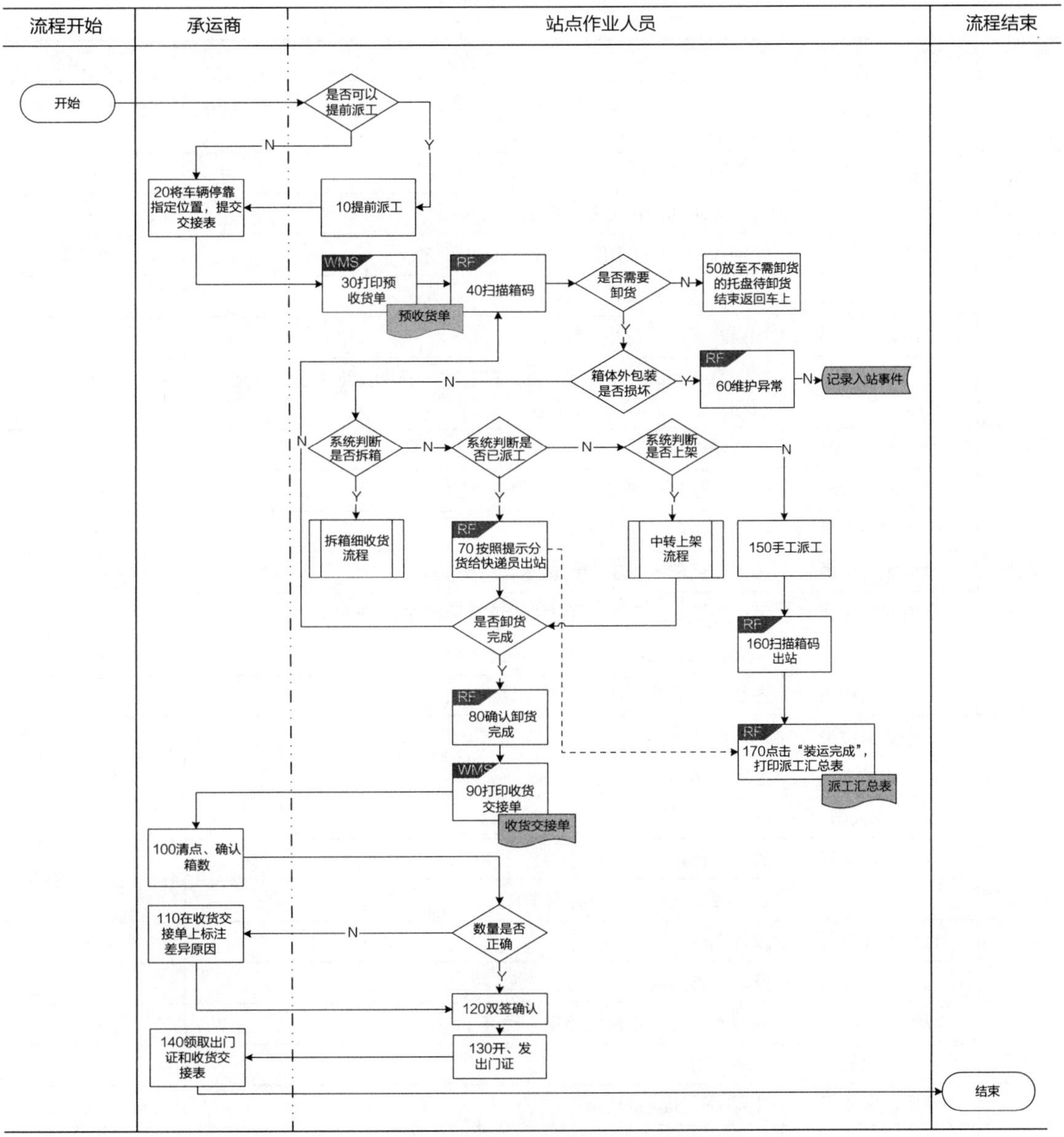

图3-1-6　配送作业流程图

流程说明如表3-1-6所示。

表3-1-6 配送作业流程图说明

序号	操作部门/岗位	步骤说明	涉及单据
判断	快递主管	查询配送的上级派工情况以及当天的发货量情况，判断是否可以提前派工	—
10	快递主管	进行快递点提前手工派工	—
20	承运商人员	将车辆停靠指定位置，提交交接表	—
30	仓库收发货员	使用WMS，打印预收货单，指导卸货	预收货单
40	仓库收发货员	使用RF扫描箱码	—
判断	仓库收发货员	扫描的箱码是否需要卸货	—
50	仓库收发货员	将不需要卸货的箱码放至指定的托盘，待卸货结束后，将箱码返回车上	—
判断	仓库收发货员	检查箱体外包装是否损坏	—
60	仓库收发货员	使用RF对损坏的箱体进行异常维护	—
判断	仓库收发货员	扫描的箱码是否需要拆箱	—
判断	仓库收发货员	箱码是否已经派工，判定是否需要上架	—
70	仓库收发货员	若已派工，则按照提示将扫描的箱码分货给快递员	—
	仓库收发货员	将需要上架的箱码放置上架托盘转入上架流程	—
判断	仓库收发货员	是否卸货完成	—
80	仓库收发货员	确认卸货完成	—
90	仓库收发货员	打印收货交接单	收货交接单
100	承运商人员	清点、确认箱数	—
判断	承运商人员	数量是否正确	—
110	承运商人员	在收货交接单上标注差异原因	—
120	仓库收发货员	双签确认	—
130	仓库收发货员	开、发出门证	—
140	承运商人员	领取出门证和收货交接单，离开	—
150	派工员	手工派工	—
160	仓库收发货员	使用RF扫描箱码出站	—
170	仓库收发货员	箱码扫描完全之后，点击“装运完成”，打印派工汇总表	派工汇总表

操作注意事项：

①根据工作任务提前派工。

②及时收货，避免错收和漏收，不暴力装卸。

③根据系统指引将商品各自直接派工入库。

④认真核对数量，确保交接准确。

⑤配送人员安全将货物送达客户，礼貌用语，标准操作。

五、绿色配送型企业评价指标

该评价指标节选自由中国仓储与配送协会等企事业单位组织起草的《绿色仓储与配送要求及评估》（GB/T 41243—2022）国家标准。以践行二十大报告中提出的绿色发展为目标，引导企业积极承担社会责任，推动配送行业高质量发展。

表3-1-7　绿色配送型企业评估指标

序号	分类指标	一级指标	二级指标	三级指标	指标说明
1	基本要求	绿色物流发展规划	—	—	建立绿色物流发展的相关规章制度
2		绿色物流管理体系	—	—	成立绿色物流发展管理组织机构；通过ISO 14001环境管理体系认证
3		知识培训	从业人员培训率	—	参加绿色物流管理知识培训的人数占物流作业和管理人员总数的比例
4		绩效考核	—	—	将绿色物流发展管理纳入企业责任人的绩效考核当中
5	配送要求	作业设备	机械化率	—	使用机械化设备处理货物量（个、kg或t）占总货物量（个、kg或t）的比例
6			清洁能源车辆使用率	—	清洁能源配送车辆数量占配送车辆总量的比例
7		作业管理	配送管理计划	—	是否按照闭环原则，对配送路线、配送方式、配送顺序等进行优化设计，合理安排配送车辆和配送人员
8			配送管理信息系统	信息自动采集率	在配送过程中采用自动识别设备自动完成采集信息的货物数量占所有货物数量的比例
9				电子单据使用率	已使用的电子单据占所有配送单据的比例
10		作业环节	标准周转箱使用率	—	标准周转箱（600mm×400mm模数）使用数量占周转箱使用总数量的比例
11			带板运输率	—	带板配送的货物价值占配送货物总价值的比例
12			货损率	—	出现运输货物损坏的件（吨）数占同期内运输货物总件（吨）数的比例
13			货差率	—	出现运输货物差错的件（吨）数占同期内运输货物总件（吨）数的比例
14			夜间配送率	—	夜间（晚7点至第二天早7点之间）配送的订单数量占总订单数量的比例
15			车辆利用率	—	车辆在配送过程中有效行驶里程占总行驶里程的比例
16			车辆空驶率	—	车辆空驶里程占车辆总行程里程的比例

续表

序号	分类指标	一级指标	二级指标	三级指标	指标说明
17	包装要求	包装材料	可循环、易回收、可降解材料使用率	—	包装物以及包装物内的填充物、辅助物等选用的材料中可循环、易回收、可降解材料使用量占全部材料使用量的比例
18		包装管理	包装容积率	—	包装内容物体积与包装容积的比率
19			不合格品（含废弃物）合规处理率	—	包装材料不合格品（含废弃物）合规处理量占不合格品（含废弃物）总量的比例
20			物流包装回收率	—	实际回收的物流包装材料量（个、kg或t）占物流包装总使用量（个、kg或t）的比例

注：指标说明均指在一定统计期内。
配送型企业应满足评估指标中的基本要求项全部内容，满足配送要求项和包装要求项总指标数的50%为绿色配送型企业。

任务二　配送作业优化

学习目标

1. 了解车辆调度的基本原理
2. 了解车辆积载的基本要求
3. 理解配送线路优化的基本方法
4. 掌握利用表上作业法和图上作业法解决问题
5. 熟悉配送线路选择的基本方法
6. 能够利用相关知识提高车辆的装载率

任务导入

某配送中心要将500台75英寸长虹彩色电视机配送到A1、A2、A3、A4四个批发中心，四个批发中心的需求量分别为50台、200台、100台及150台，配送中心到各批发中心、批发中心之间的地理位置及交通状况已知。

思考与讨论：为完成上述配送任务，如何对配送车辆进行调度？

任务实施

一、配送车辆调度

配送车辆是在点多、面广、纵横交错、干支相连的运输网络中分散运行的，涉及多个部门、多个环节，工作条件较为复杂。这就需要建立一个权威的组织指挥系统——车辆调度管理部门，进行统一领导、统一指挥，且能灵活地、及时地处理问题。

（一）车辆调度工作的作用及特点

1. 车辆调度的作用

（1）保证运输任务按期完成。

（2）能及时了解运输任务的执行情况。

（3）促进运输及相关工作的有序进行。

（4）实现最小的运力投入。

2. 车辆调度的特点

（1）计划性。坚持合同运输与临时运输相结合，以完成运输任务为出发点，认真编制、执行及检查车辆运行作业计划。

（2）预防性。在车辆运行组织中要经常进行一系列预防性检查，发现薄弱环节及时采取措施，避免运输生产的中断。

（3）机动性。加强信息沟通，机动、灵活地处理有关部门的问题，准确及时地发布调度命令，保证生产的连续性。

（二）车辆调度的原则

1. 基本原则

（1）坚持统一领导和指挥，分级管理、分工负责的原则。

（2）坚持从全局出发、局部服从全局的原则。

（3）坚持以均衡和超额完成生产计划任务为出发点的原则。

（4）坚持最低资源（运力）投入和获得最大效益的原则。

2. 具体原则

车辆运行计划在组织执行过程中常会遇到一些事先难以预料的问题，如客户需求量变动、装卸机械发生故障、车辆运行途中发生技术障碍、临时性桥断路阻等，这就要求车辆调度部门有针对性地加以分析和解决。调度部门要随时掌握货源状况、车况、路况、气候变化、驾驶员思想状况、行车安全等，确保运行作业计划顺利进行。

二、车辆调度的方法

车辆调度的方法有多种，车辆调度管理部门可根据客户所需货物、配送中心站点及交通线路的布局不同而选用不同的方法。简单的可采用定向专车运行调度法、循环调度法、交叉调度法等。如果运输任务较重、交通网络较复杂，为合理调度车辆的运行，调度部门也可运用运筹学中线性规划的方法。下面介绍线性规划中的表上作业法和图上作业法。

（一）表上作业法

1. 运输问题数学模型

已知有m个配送中心（产地）A_1，A_2，…，A_m，其供应分别为a_1，a_2，…，a_m；有n个客户（销地）B_1，B_2，…，B_n，其需求分别为b_1，b_2，…，b_n，从配送中心到客户的运价为c_{ij}，若用

x_{ij}表示运量，要求得总运费最小的调运方案，可求解以下数学模型：

$$Z_{\min}=\sum_{i=1}^{m}\sum_{j=1}^{n}c_{ij}x_{ij}$$

$$\sum_{j=1}^{n}x_{ij}=a_i,\ i=1,2,3,\cdots,m$$

$$\sum_{i=1}^{m}x_{ij}=b_j,\ j=1,2,3,\cdots,n$$

$$x_{ij}\geqslant 0,\ i=1,2,3,\cdots,m,\ j=1,2,3,\cdots,n$$

对产销平衡的运输问题，有以下关系式存在：

$$\sum_{j=1}^{n}b_j=\sum_{i=1}^{m}\left(\sum_{j=1}^{n}x_{ij}\right)=\sum_{j=1}^{n}\left(\sum_{i=1}^{m}x_{ij}\right)=\sum_{i=1}^{m}a_i$$

显然这是一个线性规划问题。由于此问题结构比较特殊，通常采用比较简单的表上作业法求解。

2．表上作业法确定初解的方法

【例3-1】有4个用户B_1、B_2、B_3和B_4所需的某种产品由3个配送中心A_1、A_2和A_3配送。各配送中心每日的配送量分别为：A_1—7t、A_2—4t、A_3—9t，各用户的需求量分别为：B_1—3t、B_2—6t、B_3—5t、B_4—6t，从各配送中心到各客户的单位产品的运价见表3-2-1。问应该如何调运产品，才能在满足各用户的需要量的前提下，使总运费为最少。

表3-2-1 运价表

配送中心	用户			
	B_1	B_2	B_3	B_4
A_1	3	11	3	10
A_2	1	9	2	8
A_3	7	4	10	5

解：（1）最小元素法求初解。

这种方法的基本思想是就近供应，即从单位运价表中最小的运价开始确定供需关系，然后次小，一直到给出初始解为止。计算步骤如下：

第一步：从表3-2-1中找出最小运价为1，这表示先将A_2的产品供应给B_1，因为A_2供应量大于B_1的需求量，A_2除满足B_1的全部需要外，还可以多余1t产品。因此可以先安排B_1的需求量3t。如表3-2-2所示，在A_2行和B_1列交叉格中填入3。由于B_1所需的运量全部满足，将表3-2-1中的B_1列划去，得表3-2-3。

表3-2-2 优先供应安排表（运量表）

配送中心	用户			
	B_1	B_2	B_3	B_4
A_1				
A_2	3			
A_3				

表3-2-3 划去已完成安排的线路（运价表）

配送中心	用户			
	B_1	B_2	B_3	B_4
A_1	3	11	3	10
A_2	1	9	2	8
A_3	7	4	10	5

第二步：在表3-2-3中未划去的元素中再找出最小运价为2，确定A_2多余的1t供应B_3，因此在A_2行和B_3列交叉格中填入1，得到表3-2-4。此时A_2的产品也刚好安排完，因此在表3-2-3中划去A_2行得表3-2-5。

表3-2-4 优先供应安排表（运量表）

配送中心	用户			
	B_1	B_2	B_3	B_4
A_1				
A_2	3		1	
A_3				

表3-2-5 划去已完成安排的线路（运价表）

配送中心	用户			
	B_1	B_2	B_3	B_4
A_1	3	11	3	10
A_2	1	9	2	8
A_3	7	4	10	5

第三步：在表3-2-5中未划去的元素中再找出最小运价3，它对应于格（A_1，B_3），在其中填入4，由于B_3的需求量全部得到满足，现划去B_3列。按照上面的做法一步一步地进行下去，在（A_3，B_2）格中填入6，划去B_3列，在（A_3，B_4）格填入3，划去A_3行。至此，仅剩下一个格（A_1，B_4）末划去，为保证供需平衡，在其中填入3，这时同时划去B_4列和A_1行。现在单位运价表上的所有元素均被划去，所有供需均得到满足，格子中填入的数字给出了一个初始调运方案，见表3-2-6。所需的总运费为86。

表3-2-6　最终运量安排结果

配送中心	用户			
	B_1	B_2	B_3	B_4
A_1			4	3
A_2	3		1	
A_3		6		3

（2）伏格尔法求初解。

最小元素法的缺点是为了节省一处的运费，有时会造成在其他处要花几倍的运费。伏格尔法考虑到，一产地的产品假如不能按最小运费就近供应，就考虑次小运费，这就有一个差额。差额越大，说明不能按最小运费调运时，运费增加越多。因而对差额最大处，就应当采用最小运费调运。伏格尔法的步骤如下：

第一步：在运量运价表中分别计算出各行和各列的最小运费和次最小运费的差额，并填入表的最右列和最下行，见表3-2-7。

表3-2-7　运价表（计算各行各列最小运费和次小运费差额）

配送中心	用户			
	B_1	B_2	B_3	B_4
A_1	3	11	3	10
A_2	1	9	2	8
A_3	7	4	10	5

第二步：从行或列差额中选出最大者，选择它所在行或列中的最小元素。在表3-2-7中B_2列是最大差额所在列，B_2列中最小元素为4，可以确定A_3的产品先供应B_2的需要，得表3-2-8，同时将运价表中的B_2列数字划去，见表3-2-9。

表3-2-8　优先供应安排表（运量表）

配送中心	用户			
	B_1	B_2	B_3	B_4
A_1				
A_2				
A_3		6		

表3-2-9　划去优先已完成安排的线路（运价表）

配送中心	用户			
	B_1	B_2	B_3	B_4
A_1	3	11	3	10
A_2	1	9	2	8
A_3	7	4	10	5

第三步：对表3-2-9中未划去的元素再分别计算出各行、各列的最小运费和次最小运费的差额，并填入该表的最右列和最下行，重复第一、第二步，直到给出初始解为止。用伏格尔法给出的初始调运方案见表3-2-10。所需的总运费为86元。

表3-2-10　最终运量安排结果

配送中心	用户			
	B_1	B_2	B_3	B_4
A_1			4	3
A_2	3		1	
A_3		6		3

3．最优解的检验和判断

判断初始调运方案是否最优还需进行解的最优性检验。对解的最优性检验可采用两种方法：闭回路法和位势法，这里介绍闭回路法。

在给出的最终运量安排表上，如表3-2-6所示，从每一空格出发找一条闭回路。它是以某空格为起点，用水平或垂直直线向前划，每碰到一数字空格转90°后，继续前进，直到回到起始空格为止。闭回路如图3-2-1所示。

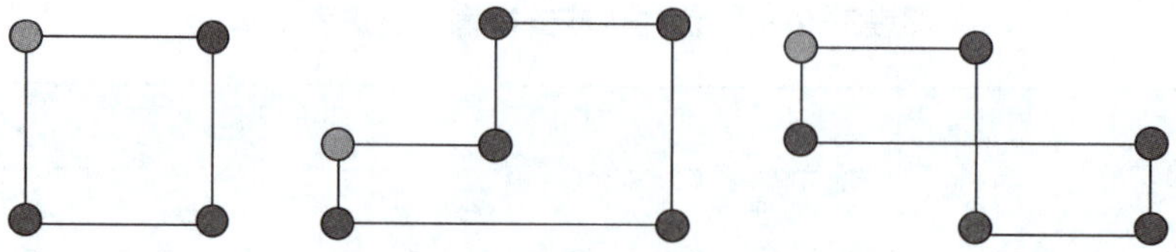

（a）　（b）　（c）

图3-2-1　几种常见的闭回路

可以证明，从每一空格出发一定存在和可以找到唯一的闭回路。

用闭回路法检验的经济解释为：在已给出的运量安排表3-2-6中，可从任一空格出发，如（A_1，B_1），若让A_1的产品调运1t给B_1，为了保持产销平衡，就要依次做调整：在（A_1，B_3）处减少1t，（A_2，B_3）处增加1t，（A_2，B_1）处减少1t，即构成了以（A_1，B_1）空格为起点，其他为数字格的闭回路，如表3-2-11中的虚线所示。在该表中闭回路各顶点所在格的左上角数字是单位运价。

表3-2-11　空格闭回路的构建

配送中心	用户			
	B_1	B_2	B_3	B_4
A_1	3 （+1）		3 4（−1）	3
A_2	1 3（−1）		2 1（+1）	
A_3		6		3

表3-2-11中的调整方案使运费增加（+1）×3+（−1）×3+（+1）×2+（−1）×1=1。这表明若在（A_1，B_1）空格增加1t运量，将使运费增加1。这增加的运费就是检验数，将检验数“1”填入（A_1，B_1）格。按以上步骤，可找出表3-2-6中所有空格的检验数，见表3-2-12。

表3-2-12　闭回路的校验数

空格	闭回路	检验数
（11）	（11）—（13）—（23）—（21）—（11）	1
（12）	（12）—（14）—（34）—（32）—（12）	2
（22）	（22）—（23）—（13）—（14）—（34）—（32）—（22）	1
（24）	（24）—（23）—（13）—（14）—（24）	-1

续表

空格	闭回路	检验数
(31)	(31)—(34)—(14)—(13)—(21)—(31)	10
(33)	(33)—(34)—(14)—(13)—(33)	12

注:(11)表示(A_1 B_1)格,其余类推。

当检验数还存在负数时,说明原方案还有降低总运价的可能,因此可以判断表3-2-6中的原方案不是最优解,还需改进。

4. 改进的方法——闭回路调整法

如前所述,当在表中空格处出现负检验数时,表明并未得到其最优解。由表3-2-12知(A_2,B_4)为负数,须对该空格调入一定的运量θ,具体方法为:以此格出发,作一闭回路,如表3-2-13所示,沿闭回路前进,在这个闭回路的奇数顶点处,即格子(A_1,B_4)和格子(A_2,B_3)处,将原有的调运量减去一个θ,θ值等于奇数顶点处的调运量最小值,本例θ=min(1,3)=1在空格和闭回路的偶数顶点处,即格子(A_1,B_3)和(A_2,B_4)处,增加调入量θ得到调整方案,见表3-2-14。

若有两个或两个以上的负检验数时,一般选其中最小的负检验数,以它对应的空格为调入格。

表3-2-13 闭回路法改进方案

配送中心	用户			
	B_1	B_2	B_3	B_4
A_1			4(+1)	3(−1)
A_2	3		1(−1)	(+1)
A_3		6		3

表3-2-14 闭回路法调整后的结果

配送中心	用户			
	B_1	B_2	B_3	B_4
A_1			5	2
A_2	3			1
A_3		6		3

对于表3-2-14给出的调运方案,再应用闭回路法求出检验数,见表3-2-15。由于表中的检验数均为非负,故表3-2-14给出的调运方案即为最优调运方案。

表3-2-15 闭回路的检验数

空格	闭回路	检验数
(11)	(11)—(14)—(24)—(21)—(11)	0
(12)	(12)—(32)—(34)—(14)—(12)	2
(22)	(22)—(32)—(34)—(24)—(22)	2
(23)	(23)—(24)—(14)—(13)—(23)	1
(31)	(31)—(34)—(24)—(21)—(31)	9
(33)	(33)—(34)—(14)—(13)—(33)	12

（二）图上作业法

图上作业法是将配送运输量任务反映在交通图上，通过对交通图初始调运方案的调整，求出最优配送车辆运行调度方案。运用这种方法，要求交通图上没有货物对流现象，以运行最短路线、最低运费或最高行程利用率为优化目标。

1．绘制交通图

绘制交通图是指根据客户所需货物汇总情况、交通线路、配送点与客户点的布局，绘制出交通示意图。

【例3-2】设A_1，A_2，A_3三个配送点分别有化肥40t、30t、30t，需送往4个客户点B_1，B_2，B_3，B_4，即各客户点的需求量分别为10t、20t、30t、40t，已知各配送点和客户点的地理位置及它们之间的道路通阻情况，可据此绘制出相应的交通图。如图3-2-2所示，图中两点间连线上的数字为两点间路线里程数。

2．将初始调运方案反映在交通图上

任何一张交通图上的线路分布形态分为成圈与不成圈两类：

对于不成圈的A_1，B_1的运输，按"就近调运"的原则即可很容易地得出最优调运方案，其中（$A_1 \to B_4$ 70km）<（$A_3 \to B_4$ 80km），（$A_3 \to B_2$ 70km）<（$A_2 \to B_2$ 110km），先设定（$A_1 \to B_4$），（$A_3 \to B_2$）运输。

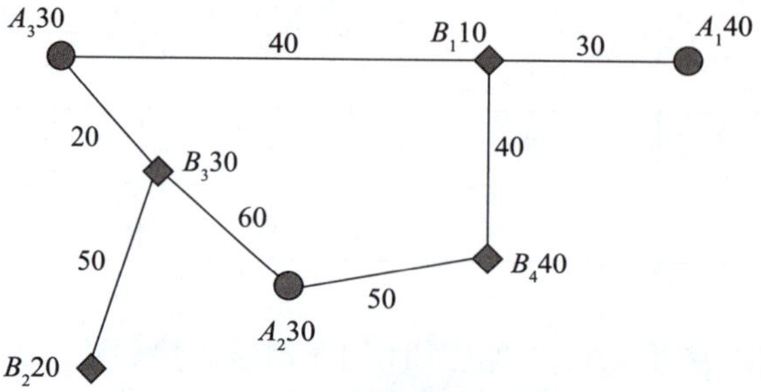

图3-2-2 运距运量交通图

对于成圈的A_2、B_3、B_1、A_3所组成的圈，可采用破圈法处理，即先假定某两点（A_2与B_4）不通（“破圈”），再对货物就近调运，$A_2 \to B_3$，$A_3 \to B_1$，数量不够的再从第二近点调运，即可得出初始调运方案，如图3–2–3所示。

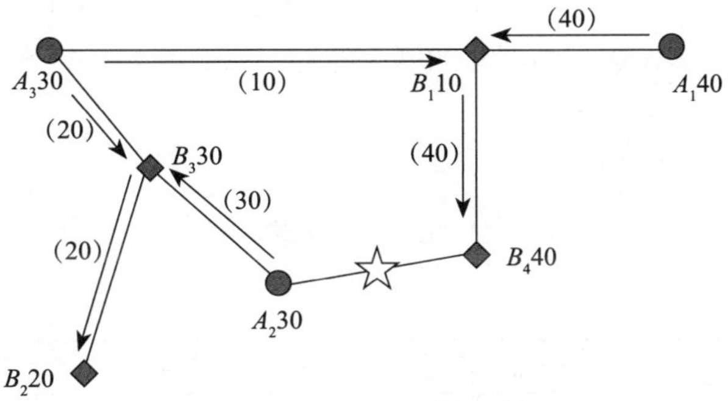

图3–2–3　$A_2 \to B_4$破圈调运图

在绘制初始方案交通图时，调运箭头统一画在路线右边，所以圈内圈外都有一些流向。如A_3–B_1、B_1–B_4、A_2–B_3，其调运箭头线都画在圈内，称为内圈；A_3–B_3的调运箭头线画在圈外，称为外圈。

3．检查和调整

面对交通图上的初始调运方案，首先分别计算线路的全圈长、内圈长和外圈长（圈长即指里程数）。如果内圈长和外圈长都分别小于全圈长的一半，则该方案即为最优方案，否则即为非最优方案，需要对其进行调整。如图3–2–3所示，全圈长（$A_3 \to B_1 \to A_2 \to A_3$）为210km，内圈长（$A_3 \to B_1$：40km、$B_1 \to B_4$：40km、$A_2 \to B_3$：60km）为140km，大于全圈长的1/2，此调运方案不是最优方案，需要调整。调整的方法是在内圈（若外圈长大于全圈的1/2，则在外圈）上先假定运量最小的线路两端点（如A_3与B_1）之间不通，再对货物就近调运，可得到调整方案，如图3–2–4所示。然后再检查调整方案的内圈长与外圈长是否分别小于全圈长的1/2，如此反复，直到得出最优调运方案为止。在图3–2–4中，可计算得外圈长为70km，内圈长为100km，均小于全圈长的1/2。可见该方案已为最优方案。

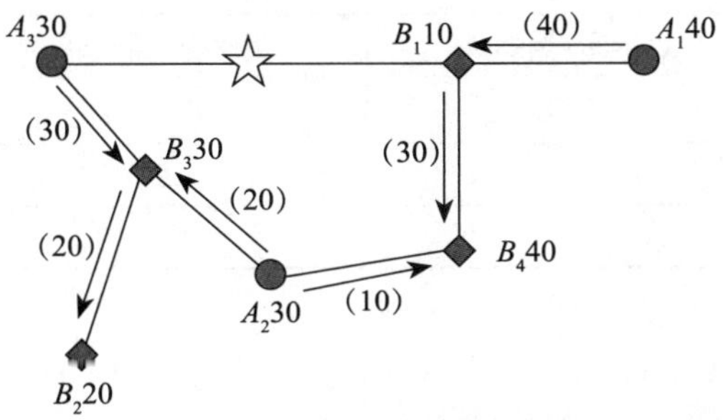

图3–2–4　$A_3 \to B_1$破圈调运图

（三）经验调度法和运输定额比法

在有多种车辆时，车辆使用的经验原则为尽可能使用能满载运输的车辆进行运输，如运输5t的货物，安排一辆5t载重量的车辆运输。在能够保证满载的情况下，优先使用大型车辆，且先载运大批量的货物。一般而言，大型车辆能够保证较高的运输效率和较低的运输成本。

【例3-3】某建材配送中心，某日需运输水泥580t，盘条400t和不定量的平板玻璃。该中心有大型车20辆、中型车20辆、小型车30辆。各种车每日只运输一种物资，运输定额见表3-2-16。

表3-2-16　车辆运输定额表

单位：吨/日 · 辆

车辆种类	运水泥	运盘条	运玻璃
大型车	20	17	14
中型车	18	15	12
小型车	16	13	10

根据经验派车法，车辆安排的顺序为大型车、中型车、小型车。货载安排的顺序为：水泥、盘条、玻璃。由此得出派车方案表3-2-17，共完成货运量1080t。

表3-2-17　经验派车法

车辆种类	水泥车辆数 / 辆	盘条车辆数 / 辆	玻璃车辆数 / 辆	车辆总数
大型车	20			20
中型车	10	10		20
小型车		20	10	30
运货量/t	580	400	100	

对于以上车辆的运输能力可以按表3-2-18计算每种车运输不同货物的定额比。

表3-2-18　车辆运输定额比

车辆种类	运水泥 / 运盘条	运盘条 / 运玻璃	运水泥 / 运玻璃
大型车	1.18	1.21	1.43
中型车	1.2	1.25	1.5
小型车	1.23	1.3	1.6

其他种类的定额比都小于1，不予考虑。在表3-2-18中，中小型车运水泥的定额比最高，因而要先安排小型车运输水泥。其次由中型车运输盘条，剩余的由大型车完成。由此得出如表

3-2-19所示的派车方案，共完成运量1106t。

表3-2-19　定额比优化派车法

车辆种类	水泥车辆数 / 辆	盘条车辆数 / 辆	玻璃车辆数 / 辆	车辆总数 / 辆
大型车	5	6	9	20
中型车		20		20
小型车	30			30
运货量/t	580	400	126	

三、配送车辆积载与配载

（一）配送车辆积载及其影响因素

1．配送积载的概念

配送中心服务的对象是众多的客户和各种不同的货物品种，为了降低配送运输成本，需要充分利用运输配送的资源，对货物进行装车调配、优化处理，达到提高车辆在容积和载货两方面的装载效率，进而提高车辆运能运力的利用率，降低配送运输成本，这就是积载。

2．影响配送车辆积载的因素

（1）货物特性因素。如轻泡货物，由于车辆容积的限制和运行限制（主要是超高）而无法满足吨位，造成吨位利用率降低。

（2）货物包装情况。若车厢尺寸与货物包装容器的尺寸不成整倍数关系，则无法装满车厢，如货物宽度80cm，车厢宽度220cm，将会剩余60cm。

（3）不能拼装运输。应尽量选派核定吨位与所配送的货物数量接近的车辆进行运输或按有关规定而必须减载运输，比如有些危险品必须减载运送才能保证安全。

（4）装载技术的原因。由于装载技术的原因，造成不能装足吨位。

（二）车辆积载的原则

客户的配送顺序安排好后，只要按货物“后送先装”的顺序装车即可，但有时为了有效地利用空间，还应根据货物的性质（怕震、怕压、怕撞、怕湿）、形状及质量等做出某些调整。如能根据这些选择恰当的装卸方法，并能合理地进行车辆积载工作，则可使货物在配送运输中货损货差减少，既能保证货物完好和安全运输，又能使车辆的载重能力和容积得到充分的利用。当然，这就要求在车辆积载时应遵循下列原则。

（1）车辆装货时，必须将重货置于底部，轻货置于上部，避免重货压坏轻货，并使货物重心下移，从而保证运输安全。

（2）货物包装的尺寸有大有小，为了充分利用车厢的内容积，可在同一层或上下层合理搭配不同尺寸的货物，以减少箱内的空隙。

（3）拼装在一个车厢内的货物，其化学性质、物理属性不能互相抵触，如不能将散发臭味的货物与具有吸臭性的食品混装，不将散发粉尘的货物与清洁货物混装。

（4）同地点积载，到达同一地点的适合配装的货物应尽可能一次积载。

（5）确定合理的堆码层次及方法，可根据车厢的尺寸、容积、货物外包装的尺寸来确定。

（6）不超过车辆额定载重量，积载时不允许超过车辆所允许的最大载重量，且车厢内货物重量应分布均匀。

（7）根据货物形状排放，如积载易滚动的卷状、桶状货物要垂直摆放。

（8）积载时防止货损，如货与货之间、货与车辆之间应留有空隙并适当衬垫，防止货损。

（9）装货完毕应在门端处采取适当的稳固措施，以防开门卸货时货物倾倒造成货损。

（10）尽量做到后送先装。

（三）配送车辆堆积

装车堆积是在具体装车时，为充分利用车厢载重量、容积而采用的方法，一般是根据所配送货物的性质和包装来确定堆积的行、列、层数及码放的规律。

1. 堆积的方式

分别包括行列式堆码方式和直立式堆码方式。

2. 堆积应注意的事项

（1）堆码方式要有规律、整齐。

（2）堆码高度不能太高，车辆堆装高度一是受道路高度限制，二是受道路运输法规限制，如大型货车的高度从地面起不得超过4m，载重量1000kg以上的小型货车不得超过2.5m，载重量1000kg以下的小型货车不得超过2m。

（3）货物在横向不得超出车厢宽度，前端不得超出车身，后端不得超出车厢的长度。依车型而定大货车不超过2m，载重量1000kg以上的小型货车不得超过1m，载重量1000kg以下的小型货车不得超过0.5m。

（4）堆码时应重货在下，轻货在上，包装强度差的应放在包装强度好的上面。

（5）货物应大小搭配，以利于充分利用车厢的载容积及核定载重量。

（6）按顺序堆码，先卸车的货物后码放。

四、提高车辆装载效率的具体办法

（1）结合各类车厢的装载标准，根据不同货物和不同包装体积的要求，合理安排装载顺序，努力提高装载技术和操作水平，力求装足车辆核定吨位。

（2）根据客户所需要的货物品种和数量调派适宜的车型承运。这就要求配送中心根据经营商品的特性配备合适的车型结构。

（3）可以拼装运输的尽可能拼装运输，但要注意防止差错。

厢式货车有确定的车厢容积，车辆的载货容积为确定值。设车厢容积为V，车辆载重量为W，现要装载质量体积为R_a、R_b两种货物，使得车辆的载重量和车厢容积均被充分利用。

设两种货物的配装重量为w_a、w_b，则

$$\begin{cases} w_a + w_b = W \\ w_a \times R_a + w_b \times R_b = V \end{cases}$$

$$w_a = \frac{V - W \times R_b}{R_a - R_b}$$

$$w_b = \frac{V - W \times R_a}{R_b - R_a}$$

【例3-4】某配送中心需运送水泥和玻璃两种货物，水泥质量体积为0.9m³/t，玻璃为1.6m³/t，计划使用的车辆的载重量为11t，车厢容积为15m³。试问如何装载可以使车辆的载重量能力和车厢容积都被充分利用?

解：设水泥的装载量为w_a，玻璃的装载量为w_b，其中V=15m³，W=11t，R_a=0.9m³/t，R_b=1.6m³/t，则

$$w_a = \frac{V - W \times R_b}{R_a - R_b} = \frac{15 - 11 \times 1.6}{0.9 - 1.6} \approx 3.71(\text{t})$$

$$w_b = \frac{V - W \times R_a}{R_b - R_a} = \frac{15 - 11 \times 0.9}{1.6 - 0.9} \approx 7.29(\text{t})$$

所以车装载水泥3.71t，玻璃7.29t时车辆达到满载。

通过以上计算可以得出两种货物的搭配使车辆的载重能力和车厢容积都得到充分利用，但其前提条件必须是车厢的容积系数介于所要配载货物的容重比之间。如所需要装载的货物的质量体积都大于或小于车厢容积系数，则只能是车厢容积不满或者不能满足载重量。当存在多种货物时，可以将货物密度与车辆容积系数相近的货物先配装，剩下两种最重和最轻的货物进行搭配配装。或者对需要保证数量的货物先足量配装，再对不定量配送的货物进行配装。

五、配送路线选择和优化的方法

（一）经验判断法

经验判断法是指利用行车人员的经验来选择配送路线的一种主观判断方法。一般以司机习惯行驶路线和道路行驶规定等为基本标准，拟订出几个不同方案，通过倾听有经验的司机和送货人员的意见，或者直接由配送管理人员凭经验做出判断。这种方法的质量取决于决策者对运输车辆、客户的地理位置与交通路线情况掌握程度和决策者的分析判断能力与经验。尽管缺乏科学性，易受掌握信息的详尽程度限制，但其运作方式简单、快速、方便。通常在配送路线的影响因素较多，难以用某种确定的数学关系表达时或难以以某种单项依据评定时采用该方法。

（二）综合评分法

能够拟订出多种配送路线方案，并且评价指标明确，只是部分指标难以量化，或对某一项指标有突出的强调与要求，而需采取加权评分的综合评分法来确定配送路线。

综合评分法的步骤如下：

（1）拟订配送路线方案。

（2）确定评价指标。

（3）对方案进行综合评分。

【例3-5】某配送中心为配送路线方案评价设立了10项指标：配送全过程的配送距离，行车时间，配送准时性，行车难易，动用车辆台次数，油耗，车辆状况，运送量，配送客户数，配送总费用。每个评价标准分为5个档次并赋不同的分值，即极差（0分）、差（1分）、较好（2分）、良好（3分）、最好（4分），满分为40分。然后在表上为配送路线方案评分，根据最后的评分情况在各个方案之间进行比较，确定最佳配送路线。

表3-2-20所示是对一配送路线方案进行评分的情况。表中的路线方案得分为32分，为满分（理想方案）的80%，各项平均得分为3.2分，总分4+4+2+3+3+3+4+4+3+2=32。

表3-2-20　路线方案评分表

序号	评价指标	极差	差	较好	良好	最优
		0分	1分	2分	3分	4分
1	配送全过程的配送距离					√
2	行车时间					√
3	配送准时性			√		
4	行车难易				√	
5	动用车辆台次数				√	
6	油耗				√	
7	车辆状况					√
8	运送量					√
9	配送客户数				√	
10	配送总费用			√		

（三）数学计算法

1．一对一配送的最短路线问题

一对一配送指的是一个配送中心向一个特定客户进行送货。配送运输模式中，要求选择最短的配送路线，实现高效率的配送，达到快速、经济配送的经营目的。最短路线问题是路线优化模型理论中较为基础的问题之一，也是解决其他一些路线优化问题的有效工具。

从物流优化的角度看，客户的需求量接近于或大于可用车辆的额定载重量，需专门派一辆或多辆车一次或多次送货。配送路线设计追求的是最短配送距离，以节约时间、多装快跑，提高配送效率，因此一对一配送进行配送路线设计和优化的目标是寻找从配送中心到特定客户的最短线路。

最短路径可以描述为：已知一个网络由节点和线组成，点与点之间由线连接，线代表点与点之间运行的成本（距离、时间、运费等）。最初，除始发点外，所有节点都是未解的，即均未确定是否在选定的运输路线上。始发点作为已解的点，计算从始发点开始。下面以具体的例子来具体说明其计算过程。

【例3-6】如图3-2-5所示，求从起点A到终点F之间距离最短的路线，节点之间的每条线路上都标有相应的距离。

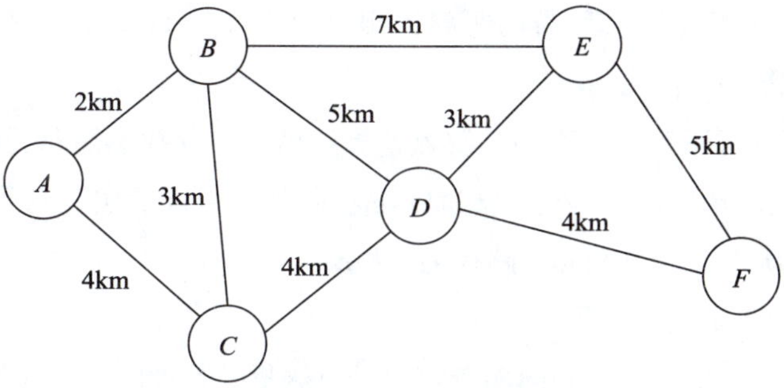

图3-2-5　各节点连通图

解：首先列出一张如表3-2-21所示的表格。第一个已解的节点就是起点A，与其直接相连的未解节点有B点和C点。第一步，可以看出B点是距A点最近的节点，记为AB。由于B是唯一的选择，所以它成为已解的节点。

表3-2-21　最短路线方法计算表

步骤	直接连接到未解节点的已解节点	与其直线连接的未解节点	相关总成本	第n个最近节点	最小成本	最新连接
1	*A*	*B*	2	*B*	2	*AB*
		C	4			
2	*A*	*C*	4	*C*	4	*AC*
	B	*C*	2+3=5			
		D	2+5=7			
		E	2+7=9			
3	*B*	*D*	2+5=7	*D*	7	*BD*
		E	2+7=9			
	C	*D*	4+4=8			
4	*B*	*E*	2+7=9	*E*	9	*BE*
	D	*E*	7+3=10			
		F	7+4=11			
5	*D*	*E*	7+4=11	*F*	11	*DF*
	E	*F*	9+5=14			

随后，找出距A点和B点最近的未解节点。只要列出距各个已解节点最近的连接点，这里有A-C，B-C，B-D，B-E，记为第二步。注意从起点通过已解的节点到某一节点所需的距离应该等于到达这个已解节点的最短距离加上已解节点与未解节点之间的距离。也就是说，从A点经过B点到达C点的距离为$AB+BC=2+3=5$（km）。可以看出C点是距A点最近的节点，记为AC，现在C点也成了已解节点。

第三次迭代要找到与各已解节点直接连接的最近的未解节点。表3-2-21所示有2个候选点，从起点到这几个候选点D，E所需的距离，相应为7，9，8km，其中连接BD的距离最短，因此D点就是第三次迭代的结果。

重复上述过程直到将所有的点变为已解点，算法结束。寻找最短路径从终点F往反方向，即F-B-A，最优路径为A-B-D-F，最小距离为11km。此外还可以找出起点到任意其他一点的最短距离，如从A到E的最短距离为9km，路径为A-B-E。

2．一对多配送的路线优化问题

一对多配送是指由一个配送中心向多个客户进行送货。这种配送运输模式要求，同一条线路上所有客户的需求总量不大于一辆车的额定载重量，其基本思路是由一辆车装载所有客户的货物，沿一条优选的线路，依次将货物送到各个客户的货物接收点，既保证客户按时收货，又节约运输费，解决这种模式的优化设计问题可以采用节约里程法。

（1）节约里程法的基本思想。如图3-2-6所示，假设P为配送中心，A和B为客户接货点，各点之间的道路距离分别用a，b表示。比较两种运输路线方案：一种是派两辆车分别向客户A，B点送货，总的运输里程为$2(a+b)$；另一种是将A，B两地的货物装在同一辆车上采用巡回配送方式，即从P出发经由A到B，再返回，总的运输里程为$a+b+c$。若不考虑道路特殊情况等因素的影响，第二种方式与第一种方式运输距离之差为$2(a+b)-(a+b+c)$。按照三角形原理，可以看出第二种方式比第一种方式要节约$a+b-c$的里程数，节约里程法就是按照以上原理对配送网络的运输路线进行优化计算的。

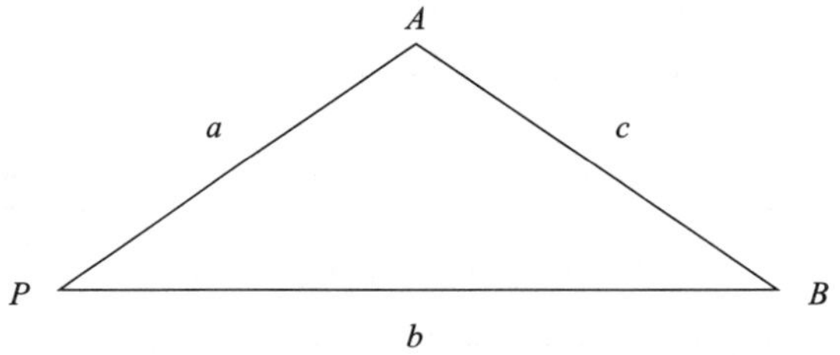

图3-2-6　节约里程法的基本思想示意图

（2）节约里程法的算例。

【例3-7】如图3-2-7所示为某配送网络，P为配送中心所在地，其余A至I为各客户所在地共9个客户。路线边上的数字为道路距离，单位为km，括弧里的数字为各客户需要的货物数

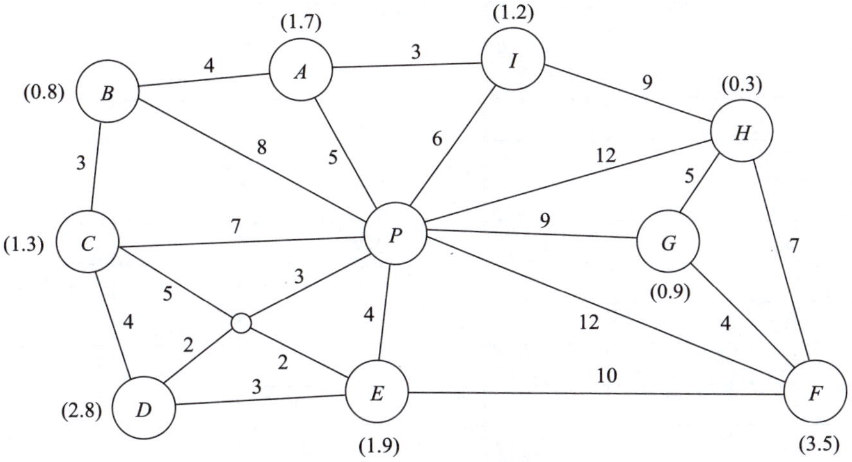

图3-2-7 配送网络图

量，单位为t。假设该配送中心有最大载重量为2t和5t的两种货车，并限制车辆一次运行线路距离不超过35km。为了尽量缩短车辆运行距离，试用节约里程法设计出最佳配送路线。

解：用节约里程法进行求解，步骤如下。

第一步：利用前面所述的最短路径法求出网络节点之间的最短距离。计算结果见表3-2-22。

表3-2-22 网络节点的最短途径

单位：km

客户地点	***P***								
A	5	***A***							
B	8	4	***B***						
C	7	7	3	***C***					
D	5	10	7	4	***D***				
E	4	9	10	7	3	***E***			
F	12	17	20	17	13	10	***F***		
G	9	14	17	16	14	13	4	***G***	
H	12	12	16	19	17	16	7	5	***H***
I	6	3	7	10	11	10	16	14	9

第二步：根据表3-2-22计算各用户之间的节约里程。计算结果见表3-2-23。

计算举例，*A*–*B*的节约里程为5+8–4=9（km）。

表3-2-23　用户之间的节约里程

单位：km

客户地点	*A*							
B	9	*B*						
C	5	12	*C*					
D	0	6	8	*D*				
E	0	2	4	6	*E*			
F	0	0	2	4	6	*F*		
G	0	0	0	0	0	17	*G*	
H	5	4	0	0	0	17	16	*H*
I	8	7	3	0	0	2	1	9

第三步：对节约里程按大小顺序进行排列，结果见表3-2-24。

表3-2-24　节约行程排序结果

单位：km

序号	连接点	节约里程	序号	连接点	节约里程
1	*F*–*G*	17	12	*E*–*F*	6
2	*F*–*H*	17	13	*A*–*C*	5
3	*G*–*H*	16	14	*A*–*H*	5
4	*B*–*C*	12	15	*B*–*H*	4
5	*A*–*B*	9	16	*C*–*E*	4
6	*H*–*I*	9	17	*D*–*F*	4
7	*A*–*I*	8	18	*C*–*I*	3
8	*C*–*D*	8	19	*B*–*E*	2
9	*B*–*I*	7	20	*C*–*F*	2
10	*B*–*D*	6	21	*F*–*I*	2
11	*D*–*E*	6	22	*G*–*I*	1

第四步：根据节约里程排序表和配送车辆载重量及行驶里程等约束条件，逐步求出最优配送路线。

初始解：从*F*向各个用户配送，共有9条路线，总的运行距离为1361km，需要2t货车7辆，5t货车2辆，如图3-2-8所示。

二次解：按照节约里程的大小顺序连接*F*–*G*，*F*–*H*，*C*–*H*，由于*G*和*H*已经在一条配送线路中，因而不再连接*G*–*H*，如图3-2-9所示。配送路线7条，需要2t货车5辆，5t货车2辆，总运行距离为136–（17+17）=102km，配送路线Ⅰ的运行距离为321km，装载量为4.7t。

三次解：连接B-C，A-B，H-I，但因H-I加入配送路线Ⅰ后，超过车辆最大载重量5t，所以不再连接H-I，如图3-2-10所示。此时，总的配送路线为5条，需要2t货车2辆，5t货车3辆，总的配送距离为81km，配送路线Ⅱ的运行距离为191km，装载量为3.8t。

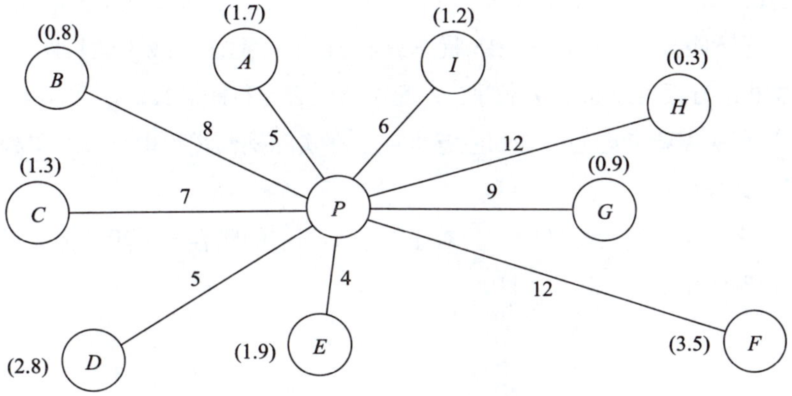

图3-2-8　初始解结果

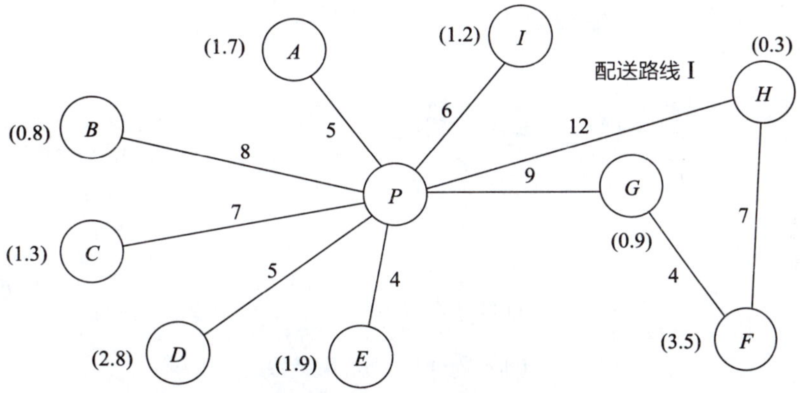

图3-2-9　二次解结果

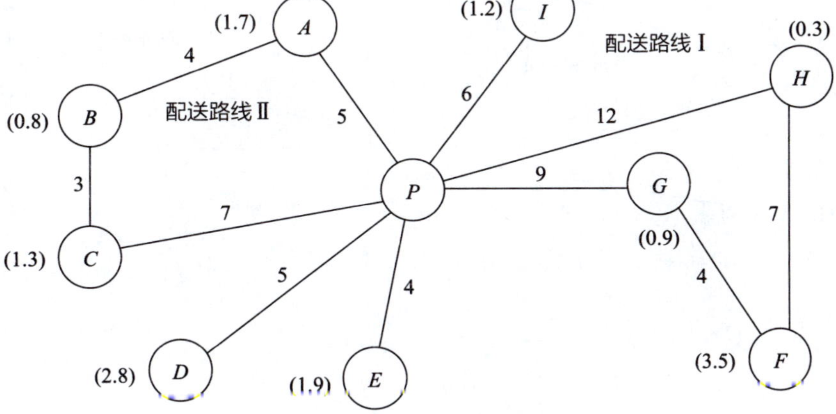

图3-2-10　三次解结果

四次解：连接*A-I*到配送路线Ⅱ，如图3-2-11所示。总的配送路线为4条，需5t货车3辆，2t货车1辆，总的配送距离为73km，此时配送路线Ⅱ的运行距离为23km，装载量为5t。

最终解：按节约行程顺序排列接下来应该是*C-D*，*B-I*，*B-D*，*D-E*。但是，由于*B*，*C*和*I*已经在配送路线Ⅱ中，如果*D*放入，则超出了载重量的限额，所以不再连接*C-D*，*B-D*。连接*D-E*组成新的配送路线Ⅲ，如图3-2-12所示。到此为止，完成了全部的配送路线规划设计，共有3条配送路线，运行距离为67km，需要5t货车3辆。其中：配送路线Ⅰ运行距离32km，装载量4.7t；配送路线Ⅱ运行距离23km，装载量5t；配送路线Ⅲ运行距离12km，装载量4.7t。

（3）节约里程法需要考虑的因素和注意事项。在实际操作过程中，节约里程法需要考虑的因素和注意事项如下。

①适用于顾客需求稳定的配送中心，对于需求不固定的顾客，采用其他途径配送，或并入到有富余的配送路线中。

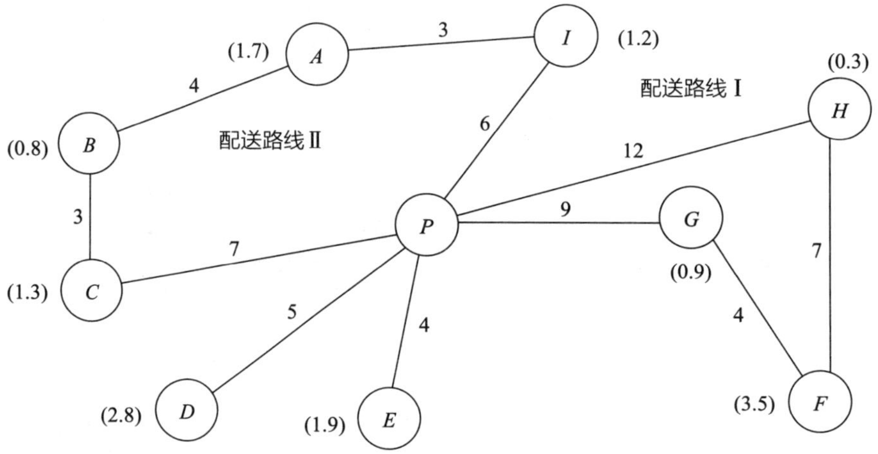

图3-2-11　四次解结果

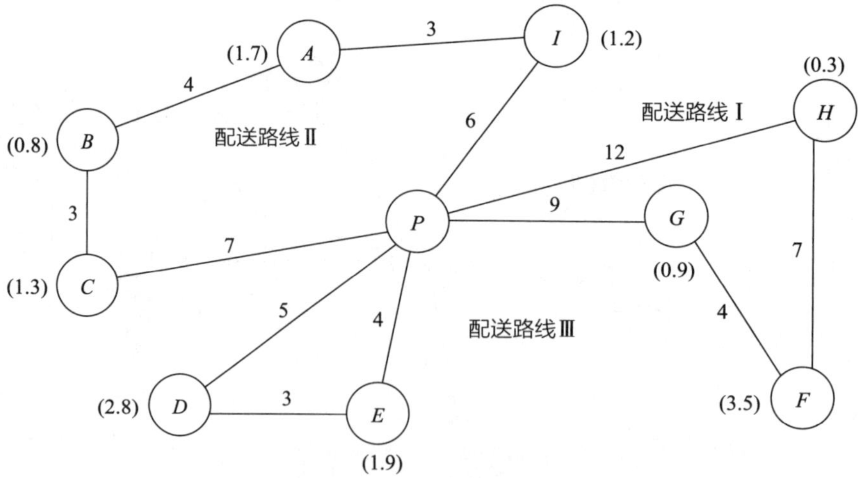

图3-2-12　最终解结果

②要充分考虑道路运输状况，最终确定的配送路线要充分听取司机及现场工作人员的意见。

③各配送线路的负荷要尽量均衡。

④要预测需求的变化以及发展趋势。

⑤考虑交通的状况。

⑥利用计算机软件求解优化。

3．多对多配送的路线优化问题

多对多配送线路的优化是指由多个配送中心向多个目的地配送货物，其线路优化的基本思路是在保证各目的地运量的前提下使整个运输过程的成本最低。多对多配送线路的优化过程可参照前文中的表上作业法和图上作业法的内容，不再赘述。

六、配送路线选择和优化的意义

配送路线是指送货车辆由配送中心向客户送货时所要经过的路线。一般地，由于连接配送中心和客户的路线远不止一条，而是存在一个道路交通网，因此就有必要在这张道路交通网中选择一个比较合理的配送路线。

配送线路设计就是整合影响配送运输的各种因素，适时适当地利用现有的运输工具和道路状况，及时、安全、方便、经济地将客户所需的商品准确地送达客户手中。在配送运输线路设计中，需根据不同客户群的特点和要求，选择不同的线路设计方法，最终达到节省时间、运距和降低配送运输成本的目的。同时要考虑配送运输的影响因素，如车流量的变化、道路状况、客户的分布状况和配送中心的地址、车辆定额载重量以及车辆运行限制等对配送路线进行优化，最终找出一条最佳的运输线路解决方案，达到节省运行距离、运输时间和运输费用的目的。

任务三　配送管理

学习目标

1．了解配送的要素及其一般流程

2．熟悉各类配送模式的特点

3．掌握不同产品的特殊配送流程

4．培养学生认真严谨的工作态度

任务导入

某配送中心要将500台75英寸长虹彩色电视机、100台海尔洗衣机、200箱84消毒液、500箱一次性手套分别配送到A1、A2、A3、A4四个批发中心，其中84消毒液和一次性手套为紧急调用物资，现有5t自营车辆10台，2t自营车辆20台。

思考与讨论：为提高配送作业的效率，可以采取哪些措施？

任务实施

一、配送的功能及模式

（一）配送的作用

1. 推行配送有利于物流实现合理化

配送不仅能促进物流的专业化、社会化发展，还能以其特有的运动形态和优势调整流通结构，促使物流活动向“规模经济”发展。从组织形态上看，它是以集中的、完善的送货取代分散性、单一性的取货；从资源配置上看，则是以专业组织的集中库存代替社会上的零散库存，衔接了产需关系，打破了流通分割和封锁的格局，很好地满足了社会化大生产的发展需要，有利于实现物流的社会化和合理化。

2. 完善了运输系统

干线运输一般是长距离、大批量，使用载重量大的运输工具才有可能实现运输的高效率、低成本；支线运输一般是小批量，运输频次高、服务性强，要求比干线运输具有更高的灵活性和适应性。配送环节通过与其他物流环节的配合，灵活性、适应性、服务性都比较强，因此，只有配送与运输的密切结合，使干线运输与支线运输有机统一起来，才能实现运输系统的合理化。

3. 提高了末端物流的效益

采取配送方式，通过增加经济批量来达到经济的进货。它采取将用户所需各种商品配齐集中起来发货和将多个用户小批量商品集中在一起进行发货等方式，以提高末端物流的经济效益。

4. 提高供应保证程度，实现企业低库存或零库存

生产企业自己保持库存、维持生产，供应保证程度很难提高（受库存费用的制约）。采取配送方式，配送中心可以比任何企业的储备量都大，可使企业减少缺货风险。

实现了高水平配送之后，尤其是采取准时制配送方式之后，生产企业可以完全依靠配送中心的准时制配送而不需要保持自己的库存，或生产企业只需保持少量保险储备而不必留有经常储备，这就可以实现生产企业多年追求的“零库存”，将企业从库存的包袱中解脱出来，同时释放出大量储备资金，从而改善企业的财务状况。实行集中库存，集中库存总量远低于不实行集中库存时各企业分散库存的总量，同时增加了调节能力，也提高了社会经济效益。此外，采用集中库存可利用规模经济的优势，使单位存货成本下降。

5. 简化事务，方便用户

采用配送方式，用户只需要从配送中心一处订购就能达到向多处采购的目的，只需组织对一个配送单位的接货便可替代现有的高频率接货，因而大大减轻了用户工作量和负担，也节省了订货、接货等的一系列费用开支。

（二）配送的功能要素

1. 备货

备货是配送的准备工作或基础工作，备货工作包括筹集货源、订货或购货、集货、进货及

有关的质量检查、结算、交接等。配送的优势之一就是可以集中用户的需求进行一定规模的备货。备货是决定配送成败的初期工作，如果备货成本太高，会大大降低配送的效益。

2. 储存储备

储存储备是按一定时期的配送经营要求，形成对配送的资源保证。这种类型的储备数量较大，储备结构也较完善，视货源及到货情况可以有计划地确定周转储备和保险储备的结构及数量。配送的储备保证有时在配送中心附近单独设库解决。

暂存是具体执行日配送时，按分拣配货要求，在理货场地所做的少量储存准备。由于总体储存效益取决于储存总量，所以，这部分暂存数量只会对工作方便与否造成影响，而不会影响储存的总效益，因而在数量上控制并不严格。还有另一种形式的暂存，即是拣选、配货之后形成的发送货的暂存，这个暂存主要是调节配货与送货的节奏，暂存时间不长。

3. 拣选及配货

拣选及配货是配送不同于其他物流形式的有特点的功能要素，也是配送成败的一项重要支持性工作。拣选及配货是完善送货、支持送货的准备性工作，是不同配送企业在送货时进行竞争和提高自身经济效益的必然延伸，也是一般送货向配送发展的必然要求。有了拣选及配货就会大大提高配送服务水平。所以，拣选及配货是决定整个配送系统水平的关键要素。

4. 配装

在单个用户配送数量不能达到车辆的有效载运负荷时，就存在如何集中不同用户的配送货物，进行搭配装载以充分利用运能、运力的问题，这就需要配装。和一般送货不同之处在于，通过配装送货可以大大提高送货水平及降低送货成本。所以，配装是配送系统中有现代特点的功能要素，也是现代配送与已往送货的重要区别之处。

5. 配送运输

配送运输属于运输中的末端运输、支线运输，和一般运输形态主要区别在于：配送运输是较短距离、较小规模、频率较高的运输形式，一般使用汽车做运输工具。

与干线运输的另一个区别是，配送运输的路线选择问题是一般干线运输所没有的，干线运输的干线是唯一的运输线。而配送运输由于配送用户多，一般城市交通路线又较复杂，所以如何组合成最佳路线、如何使配装和路线有效搭配等成为配送运输的特点，也是难度较大的工作。

6. 送达服务

配好的货运输到用户还不算配送工作的完结，这是因为送达货和用户接货往往还会出现不协调，使配送前功尽弃。因此，要圆满地实现运到之货的移交，并有效地、方便地处理相关手续并完成结算，还应讲究卸货地点、卸货方式等。送达服务也是配送独具的特殊性。

7. 配送加工

在配送中，配送加工这一功能要素不具有普遍性，但是往往是有重要作用的功能要素，主要原因是通过配送加工可以大大提高用户的满意程度。配送加工是流通加工的一种，但配送加工有它不同于一般流通加工的特点，即配送加工一般只取决于用户要求，其加工的目的较为单一。

（三）配送的模式

1. 按配送机构的经营权限和服务范围来分类

按配送机构的经营权限和服务范围不同可以分为配销模式和物流模式两种，其运作特点如图3-3-1所示。

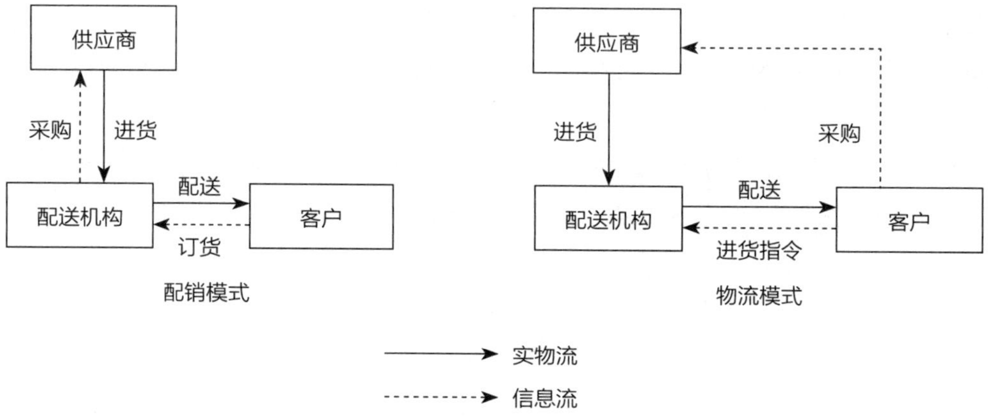

图3-3-1 配销模式和物流模式

（1）配销模式。配销模式又称为商流、物流一体化的配送模式，其基本含义是配送的组织者既从事商品的进货、储存、分拣、送货等物流活动，又负责商品的采购与销售等商流活动。这类配送模式的组织者通常是商品经销企业，也有些是生产企业附属的物流机构。这些经营实体不仅独立地从事商品流通的物流过程，而且将配送活动作为一种“营销手段”和“营销策略”，既参与商品交易实现商品所有权的让渡与转移，又在此基础上向客户提供高效优质的物流服务。在我国物流实践中，配销模式的组织方式大多存在于以批发为主体经营业务的商品流通机构。在国外，许多汽车配件中心所开展的配送业务也多属于这种模式。

配销模式的特点：对于流通组织者来说，由于其直接负责货源组织和商品销售，因而能形成储备资源优势，有利于扩大营销网络和经营业务范围，同时也满足客户的不同需求。但这种模式由于其组织者既要参与商品交易，又要组织物流活动，因此，不但投入的资金、人力、物力比较多，需要一定的经济实力，而且也需要较强的组织和经营能力。

（2）物流模式。物流模式是指商流、物流相分离的模式。配送组织者不直接参与商品的交易活动，不经销商品，只负责专门为客户提供验收入库、保管、加工、拣选、送货等物流服务，其业务实质上属于“物流代理”，从组织形式上看，其商流和物流活动是分离的，分别由不同的主体承担。

物流模式的主要特点：业务活动仅限于开展配送业务，业务比较单一，有利于提高专业化的物流服务水平；占用流动资金少，经营风险较小。

2. 按配送主体承担者不同来分类

（1）自有型配送模式。这是目前生产流通或综合性企业（集团）所广泛采用的一种配送模式。企业（集团）通过独立组建配送中心，实现内部各部门、厂、店的物品供应的配送。这种配送模式体现自我满足特点，形成了新型的“大而全”“小而全”倾向，一定程度上造成了社会资源的浪费。但是，就目前来看，在满足企业（集团）内部生产材料供应、产品外销、零售场店供货和区域外市场拓展等企业自身需求方面也发挥了重要作用。较典型的企业（集团）内自有配送模式就是连锁企业的配送。大大小小的连锁公司或集团基本上都是通过组建自己的配送中心来完成对内部各场、店的统一采购、统一配送和统一结算的。

（2）外包型配送模式。主要是由具有一定规模的物流设施设备（库房、站台、车辆等）及专业经验、技能的批发、储运或其他物流业务经营企业，利用自身业务优势，承担其他生产性企业在该区域内市场开拓、产品营销而开展的纯服务性的配送。通过这种现场办公式的决策组织，生产企业在该区域的业务代表控制着信息处理和决策权，独立组织营销、配送业务活动。提供场所的物流业务经营企业只是在生产企业这种派驻机构的指示下提供相应的仓储、运输、加工和配送服务，收取相对于全部物流利润的极小比率的业务服务费。开展这种配送模式的企业对所承揽的配送业务缺乏全面的了解和掌握，无法组织合理高效的配送，在设备、人员上浪费比较大，所以这是一种高消耗、低收益的配送模式。

（3）综合型配送模式。在这种模式中，从事配送业务的企业通过与上家（生产、加工企业）建立广泛的代理或买断关系，与下家（零售店铺）形成稳定的契约关系，从而将生产、加工企业的商品或信息进行统一组织、处理后，按客户订单的要求配送到店铺。这种模式的配送还表现为在用户间交流供应信息，从而起到调剂余缺、合理利用资源的作用。综合化的中介型配送模式是一种比较完整意义上的配送模式。

（4）共同配送模式。这是一种配送经营企业间为实现整体的配送合理化，以互惠互利为原则互相提供便利的配送业务的协作型配送模式，是配送的一种发展方向，特别是在城市中的配送。

二、不同产品的特殊配送流程

配送流程是根据配送货物的性质、状态、配送环节、配送工艺装备等因素来制定的，配送流程可分为基本流程和特殊流程。

1. 配送的基本流程

配送业务的组织一般是按照功能要素展开的，其基本流程是进货、储存、分件、配货、配装和送货。

2. 配送的特殊流程

配送的基本流程比较规范，但并不是所有的配送都按相同流程进行。不同产品的配送有独特之处，也就形成不同产品的特殊配送流程。

在管理运作中，人们常常把生产资料分成两大类：工业品生产资料和农产品生产资料。这里讲的生产资料是一般用于满足工作、交通、基本建设等需要的工业品生产资料，其中包括各种原料、材料、燃料、机电设备等。

从物流的角度看，有些生产资料是以散装或裸露方式流转的（如煤炭、水泥、木材等产品），有些则是以捆装和集装方式流转的（如金属材料、机电产品等），也有些产品直接进入消费领域，中间不经过初加工过程。由于产品的性质和消费情况各异，其配送模式也迥然不同。

从配送流程上来看，生产资料配送大体上可分为两种模式。

第一种模式：在配送流程中，作业内容和工序比较简单，除了有进货、储存、装货和送货等作业以外，基本上不存在其他工序。这种配送模式中，装卸运输作业通常要使用专用的工具或设备，并且车辆可直接开到储货场地进行作业（直接发送）。在流通实践中，按照这种模式进行配送的生产资料产品主要有煤炭、水泥、成品油等。

第二种模式：在配送活动中包含着加工（产品的初级加下）。换言之，加工作业成了配送流程中的一道重要工序。由于产品种类和需求方向不同，在加工工序之后续接的作业也不尽一致。

很明显，第二种模式要比第一种模式复杂，不但作业工序多，而且同样的工序可能会重复出现（如储存工序）。在物资供应活动中，采用第二种配送模式流转的生产资料产品主要有钢材、木材等。下面仅选出几种有代表性的产品来具体说明生产资料的配送流程。

• 金属材料配送流程

金属材料主要包括黑色金属材料（包括各种型材、板材、线材等），有色金属材料（有色金属及其型材）和各种金属制品（如铸件、管件、坯料等）。与生活资料相比，金属材料有如下一些特点：重量大、强度高、规格品种繁多，但运输时可以混装。一般来说，这类物资的产需关系比较稳定，但是需求结构比较复杂。因此，金属材料配送多数都包含着加工工序。对于一些需求量不太大但需要品种较多的用户，金属材料的配送流程中常包含着分拣、配送和配装等作业。就加工工序而言，主要有这样几项作业：集中下料，材料剪切、定尺和整形，除锈、剔除毛刺。

金属材料配送存在着一种特殊的情况，即配送品种单一且数量较多的货物，流程中没有也不需要安排分拣、配装等作业（或工序）。通常，配送车辆可以直接开到储货场地进行装货、送货。由于金属材料的需求相对稳定，在实践中适宜采用计划配送的形式供货。同时，因金属材料的需求量大，并且带有连续性，所以也适宜采用集团配送和定时、定量配送的形式向用户供货。

• 化工产品的配送流程

化工产品的种类繁多，有些产品无毒无害，有些产品则有毒有害。这里所讲的化工产品是指单位时间内消耗量大、有毒、有腐蚀性和有一定危险的化工产品，其中包括硫酸、盐酸、磷酸、烧碱、纯碱、树脂等。配送过程中不同种类的化工产品不能混装、混存，其装载运输和储存须使用特制的容器、设备和设施。由于化工产品形态较为复杂，进货情况不同，所以其配送工艺也不尽相同。

如上所述，很多用于工业生产的化工产品是有毒、有害物。因此，配送这类物资须配备专用的设施和设备（储存和运输设备）。此外，化工产品的配送只适宜由专业生产企业（化工企业）和专业流通企业（化工物流公司）来组织。

任务四　单项技能实训

实训项目：现代物流实训中心轻型货架区配送作业流程设计

实训内容：

请以现代物流实训中心轻型货架区为背景规划订单处理作业、拣选作业及包装、出库交接、送取货与退货作业流程。

实训要求：

1. 以工作业务流程图的方式完成，以小组技能竞赛的方式考核。
2. 各业务流程中涉及的工作岗位，及各岗位工作职责描述。
3. 说明拣选、包装、出货作业中所需要及传递的单据。
4. 以PPT形式展示现代物流实训中心轻型货架区配送作业流程设计。

评分要点

实训考核表如表3-4-1所示。

表3-4-1　实训考核表

要点	分值	得分
1. 拣选作业流程图设计	15	
2. 拣选涉及岗位及岗位职责描述	10	
3. 拣选涉及的业务单据	5	
4. 包装作业管理流程图设计	15	
5. 包装涉及岗位及岗位职责描述	10	
6. 包装涉及的业务单据	5	
7. 出货交接作业流程图设计	15	
8. 出货交接涉及岗位及岗位职责描述	10	
9. 出货交接涉及的业务单据	5	
10. PPT制作精美度	10	
合计		

行企直通车

某企业快递服务标准

一、上岗前准备

（一）操作设备

1. App软件操作：检查手机电量是否充满、能否正常登录、手机信号是否正常。

2. POS机操作：检查电量是否充足、登录是否正常、信号是否正常。

3. 保温箱：保持清洁，安装牢靠，无破损，图案无严重褪色，箱门能牢靠关闭，箱内定期进行擦拭，以确保无异味。

4. 配送筐：干净整洁、完好无损。

（二）仪容仪表

1. 帽子：佩戴有标准 Logo 的工帽，保持工帽干净，帽檐摆正与视线平行，头发整齐置于帽中。

2. 胸牌：工作时间需佩戴工牌，要求工牌佩戴在胸前，不得污染，不得插入衣服口袋中。

3. 服装：身着本公司工服，牛仔裤及白色运动鞋。

4. 身体及手部：无异味、无文身，保持面部、手部清洁，经常修剪指甲，不得涂有色指甲油，不化浓妆，不使用香味过浓的香水。

5. 发型：经常梳洗头发，保持干净整洁，无头屑；不染发、不留古怪发型；男士发不过耳，不剃光头。

6. 明星快递小哥在左胸前佩戴“企业明星勋章”，随身携带白手套上岗，贵重商品及食品白手套验机，手机安装来电秀（二寸照片背景为浅白色）。

7. 其他：不得戴太阳镜或其他变色眼镜，配送员不得佩戴首饰或其他饰物，如项链、手链、耳钉、戒指等；同城即时配人员必须戴头盔。

（三）交通工具

1. 配送汽车：保证油量电量充足、车况良好、证件齐全等。

2. 电动车：保证电量充足、车况良好、电瓶符合上路要求。

二、服务用语

（一）礼貌用语

1. 称呼用语：您、先生、女士。

2. 问候语：您好、早上好、下午好。

3. 迎候语：欢迎您、欢迎您再来、请您走好、欢迎下次光临、再见。

4. 歉意语：对不起、打扰了、请原谅、很抱歉、让您久等了、给您添麻烦了……

5．感谢语：谢谢、感谢您的支持、感谢您的理解。

6．答谢语：不用谢、没关系、不客气、这是我们应该做的。

7．询问语：请问我能帮到您吗？有什么需要帮助的吗？等等。

8．开头语：您好！××快递，很高兴为您服务！

9．结束语：感谢您的惠顾，再见！

10．节假日或周末：祝您节日快乐！祝您周末愉快！

（二）服务禁语

1．称呼时禁语：哎！嘿！喂！

2．客户询问时禁止说：我不知道；不归我管；自己去找；问别人去；你问我，我问谁；我也没办法；我已经说过了，你怎么还不懂；什么怎么样；刚才不是跟你说了，怎么又问；不是我受理的，我不清楚；我也没办法啊，这不是我的错；没这回事；有完没完，真烦人；没地方查，不清楚；好了，好了，我知道了；你跟我说没用；你找别人吧！我帮不了你……

3．客户提意见时禁止说：有意见，你去告呀；我就是这种态度，你能怎么样……

三、服务作业标准

（一）即时配取件标准

1．对话标准

您好！我是××快递，需要取订单号为××，配送到××地址客户的商品，请帮忙协助取货。

2．异常处理

（1）商家未能在约定时间内完成备货，快递员可通过手持终端反馈备货异常，每反馈一次异常，该笔订单配送时长顺延 20 分钟，单笔订单累计反馈异常次数不超过 3 次。

（2）商家单天累计反馈备货延迟次数超过 5 次，平台需重新评估商家的生产效能，物流可限制商家单个时间段的可配送订单数量。

（3）取货核实发现商品或数量与清单不符，配送员必须要求商家人员调剂或者重新配货。

（4）取货时发现商品包装破损，配送员必须要求商家更换包装或换货。

（二）配送标准

1．去前电联标准

（1）电联标准。

100%执行去前电联，电联时告知客户预计上门送货时间，需精确到上午、下午、傍晚三个时间段，减少客户等待时间；确认客户是否方便收货，提醒客户做好收货准备。

（2）对话标准。

您好！我是××快递，您购买的（生鲜）商品，预计××点送达，请问您是否方便收货？

（3）异常处理。

①客户要求更改派送时间，配送员跟客户预约好再次送货时间。即时配商品预约时间在1h

内，配送员要保管好商品，按时配送即可；若时间超过1h，跟客户解释并拒收，要求客户重新下单。冷链商品更改配送时间为当日，配送员改期并销单，按照客户时间送达；更改派送时间为次日（最高改期24h），根据冷链商品情况（水果可24h），配送员带回家放置冰箱，等待送货时间。

②客户要求将商品交学校、物业、家属等代收，配送员参照“面单签收标准”执行。

③客户要求更改配送地址。地址较近且未超出配送范围（冷链商品更改地址为10km之内），则直接送货上门；若地址超出配送范围，即时配商品需要跟客户解释不能配送并同步引导客户找商家，其他业务则备注异常将商品中转至正确的站点（改地址+改期）。

④客户要求转寄其他地址，配送员不得接受转寄。

⑤客户不在收货地址。经过客户同意（电话录音或短信确认即客户短信回复，证据留存）放在客户指定地点。

⑥即时配商品连续电联三次以上联系不上客户时，配送员必须报备商家，并备注原因拒收返回。

注：①配送的商品并非全都是本公司销售，因此不要以客户未在××平台购买而认为电话错误。②配送员不能主动提出让门卫、前台等非本人者代收，以免丢失或破损后导致纠纷。

（4）场景处理规范。

去前电联场景处理规范如表3-5-1所示。

表3-5-1 场景处理规范

场景	自营业务	社会化业务
空号、错号	每间隔半小时电联客户一次，客户三次未接，配送员现场报备大区客服，并销单拒收	发物流对接人，由物流对接人统一发客服报备，记录客服工号，客服向商家发起逆向工单咨询处理方案（未回复前不要销单拒收）
无人接听/通话中	每间隔半小时电联客户一次，客户三次未接，配送员发送短信给客户，告知客户在当班次内联系配送员再次配送，若客户无回应，当班次内配送员做销单改期并备注原因。以上流程重复三次后，客户还未回应，配送员则做销单处理	每间隔半小时电联客户一次，联系三次未接通，则报备客服，记录客服工号，客服向商家发起逆向工单并咨询处理方案（未回复前不要销单拒收）
因不可抗力导致无法按时送达	送货途中若发生堵车、车辆故障、事故等情况导致不能在约定时间内送达，配送员需电联客户致歉	电联收货人解释并告知预计送达时间，需要获得收货人认可；收货人不认可，尽快安排其他配送员送货

2．配送在途标准

（1）执行标准。

配送在途中，要在规定的车道行驶，禁止行驶途中接听电话，即时配人员必须佩戴头盔。

（2）异常处理。

配送在途异常处理情况如表3-5-2所示。

表3-5-2 异常业务处理方式

<table>
<tr><th colspan="2">业务类别</th><th>在途破损</th><th>无法按时送达 / 客户催货</th></tr>
<tr><td rowspan="2">自营业务</td><td>即时配</td><td>时效内：配送员至商家下单购买，补齐商品重新配送
时效外：电联客户并安抚，配送员至商家下单购买，补齐商品重新配送</td><td rowspan="2">送货途中若发生堵车、车坏、事故等情况导致不能在约定时间内送达，配送员需电联客户致歉、安抚并告知预计送达时间</td></tr>
<tr><td>其他</td><td>配送员对包装进行补救</td></tr>
<tr><td colspan="2">社会化业务</td><td>配送员报备至物流对接人</td><td>电联收货人解释并告知预计送达时间，需要获得收货人认可；收货人不认可则尽快安排其他配送员送货</td></tr>
</table>

3．到达客户楼下话术标准

（1）对话标准。

“您好！××先生/女士，我是××快递，我已到达送货地点，请问您是否方便收货？”

（2）异常处理。

①如客户回复“稍等片刻”，配送员必须等候5分钟之后再次电联客户；若等候超过5分钟后客户还不方便，配送员必须跟客户预约好再次配送时间。

②如客户回复“不方便”，配送员必须跟客户预约好再次配送时间。

4．送货上门标准

（1）执行标准。

配送员到达客户楼下，礼貌地电联客户确认具体地址、楼层、单元等，并送货上门，严禁要求客户下楼取件。

（2）异常处理。

①如保安不允许配送员进入，则耐心礼貌致电客户，说明原因，请客户协调（冷链商品参照“去前电联标准”中异常处理第5点）。

②若保安同意，如需要留存证件，配送员则按照保安要求留存证件后再送货上门。

③若保安不同意，则按客户指定地点交货。

④若客户不便收货，则跟客户预约好再次配送时间。

5．进门沟通标准

（1）执行标准。

进门对话标准如表3-5-3所示。

表3-5-3 进门对话执行标准

自营业务	社会化业务
“您好！我是××快递××，这是您的商品，请确认商品和发票是否齐全！”	“您好！我是××快递××，这是您的包裹，请检查外包装是否完好！”
“您好！我是××快递××，这是您的商品，生鲜商品建议您现场验货，请问是否需要?”	

（2）异常处理。

如客户使用攻击性、侮辱性语言答复配送员，配送员则保持心态耐心听取，不要与客户发生争吵。

6. 递交快件标准

（1）执行标准。

配送员必须按照约定的时间准时配送，在递交商品时，配送员应双手递交，面对客户保持微笑服务，文明用语。

（2）异常处理。

①即时配商品外包装破损，配送员尽量说服客户收货；客户不同意收货，则销单拒收，货损由配送员承担；即时配商品内包装破损、内物与清单不符，配送员电联报备商家，引导客户与商家进行沟通。

②自营商品发生破损，配送员进行包装补救后，尽量说服客户收货。客户不同意收货，则销单拒收。

③社会化商品发生破损，配送员报备至物流对接人，由物流对接人统一发客服报备，客服联系商家咨询处理方案。

（3）考核标准。

①自营商品发生破损，配送员负激励 50元/单；②自营商品发生丢失，配送员予以全额赔付，并负激励50元/单；③社会化业务商品发生丢失、破损，配送员予以全额赔付，并负激励50元/单；④社会化业务商品延迟时，配送员负激励50元/单，并即时兑现。

注：3C类等贵重物品必须递交本人，由本人签收。

7. 开箱验货标准

（1）对话标准。

开箱验货对话标准如表3-5-4所示。

表3-5-4 开箱验货对话标准

自营业务	社会化业务
“您好，请您打开包装检查商品名称、数量、颜色是否与您的订单一致，发票是否齐全，如无异常请在面单签字签收。”	“您好，请您检查包裹外包装是否完好，如无异议请在面单签字签收。”

（2）执行标准。

开箱验货执行标准如表3–5–5所示。

表3–5–5　自营业务与社会化业务执行标准例表

场景	自营业务	社会化业务
物流包装验视	主动提醒客户开物流包装验货：主要检查商品型号、数量、颜色、发票等。验货完成后需清理现场，将商品移动至客户指定位置	收货人提出要求打开物流包装验货服务，本公司应配合收货人实施。 客户不主动要求开物流包装验货，配送员提示客户检查外包装完好即可签字签收
收货人拆商品包装验货（破损、错发、缺少等）	配送员拍照留证，报备大区客服，并记录受理人员工号；若现场达成赔付共识，则主动致歉后离开；若现场达成退换货，则还原包装，带回商品	1. 物流包装完好，内部破损、缺失、错发等异常情况，只要商家提供的发货视频显示物流包装符合要求，就属于配送责任 2. 不提供商品包装验货服务，若收货人强烈要求拆开商品包装，收货人需联系商家，商家同意后方可拆开，同时配送员要留存现场拆验证据，验货无问题则签收。验货有问题拍照取证，配送员报备至物流对接人，由物流对接人统一发客服报备，客服联系商家咨询处理方案
收货人要验最小检视层	针对3C类、食品类、母婴类、美妆类等易受污染商品执行佩戴白手套验机服务，开箱验货时发现此类商品有污渍或手渍等，必须使用白毛巾进行清洁	不提供最小检视层验货服务，若收货人强烈要求检验最小检视层的操作步骤： ①收货人与商家联系并获得商家同意拆最小检视层验货。配送员拍照留证；②拆后发现问题，收货人与商家联系确认处理方案，如需退换，商家同意后，拍照留证，货品带回，配送员报备至物流对接人，由物流对接人统一发客服报备，客服联系商家咨询处理方案，同时签收单备注拒收原因，客户签字

（3）异常处理。

①外包装破损异常处理，如表3–5–6所示。

表3–5–6　外包装破损异常处理例表

自营业务	社会化业务
配送员进行包装补救后，尽量说服客户收货；客户不同意收货，则销单拒收	配送员报备至物流对接人，由物流对接人统一发客服报备，客服联系商家咨询处理方案

②冷链商品异常处理，如表3-5-7所示。

表3-5-7 冷链商品开箱验货异常处理例表

缺少	错发	商品变质，客户拒收
安抚客户，拍照留证。若客户要求拒收，则销单相应状态；若客户可以收货，注明“外包装完好，内如短少”上报配送中心要求仓库补发	安抚客户，拍照留证。报给客户与配送中心，要求始发仓重新发货，销单拒收	配送员应当面销单拒收、报备客服、退回冷链仓

（4）考核标准。

①未执行开箱验货标准，配送员负激励50元/单；②对于未开箱验机造成的错漏送发票、错漏送商品，损失自行承担。

8．面单签收标准

（1）对话标准。

“您好，请您用正楷字在面单的客户签字处签署全名，感谢您的配合！”

（2）执行标准。

①配送员将货品送达收货人时，须本人签收。签字时建议收货人正楷签收，容易辨识。

②代收：配送员在签字后面批注签字人与收货人关系。学校、物业、公司前台签收章签收视为本人签收；收货人家属（直系）签收视为本人签收；有收货人委托凭证视为本人签收，视为本人签收的须取得收货人同意。代收后，配送员需要拍照留存代收时商品外包装完整的图片并短信通知客户，以便于客户获知包裹代收情况，避免虚假、丢失投诉。

③所有配送成功的包裹，面单签收联必须全部带回站点妥善保管备查。

（3）判责标准。

如收货人声称未收到货品，配送员应承担相应举证责任，否则，视为收货人未收到货品。

（4）考核标准。

配送成功的包裹未带回签字面单，配送员负激励10元/单；如出现客户投诉商品未收到，由责任人承担商品全部价值，并负激励 500元/单。

9．代扔垃圾标准

（1）对话标准。

服务完成后，提醒客户：“××先生/小姐，我可以顺便帮您将垃圾带到楼下，请问您需要吗?”

（2）执行标准。

上门完成服务后，主动询问客户是否有垃圾，××快递提供代扔垃圾服务；对于收货人地址为家庭住址的必须100%执行。

（3）判责标准。

客服不定期对家庭住址客户进行回访，未主动告知客户可提供代扔垃圾服务，判定责任成立。

（4）考核标准。

未执行的配送员负激励50元/次。

10．结束对话标准

道别时说："感谢您选择××快递，如果您对我的服务满意，请您记得给我5星好评，希望能再次为您服务，再见！"

11．销单录入标准

（1）执行标准。

销单录入执行标准，如表3-5-8所示。

表3-5-8　销单录入执行标准例表

场景	自营业务	社会化业务
配送完成	客户收货并在面单签字后，配送员操作销单完成 ①他人代签：配送员需在销单时录入代签人姓名，保障商品安全 ②回收包装：如果客户参与了回收包装，则配送员销单时，在销单界面确认回收包装信息	客户收货并在面单签字后，配送员操作销单完成。他人代签：配送员需在销单时录入代签人姓名，并注明代签人与收货人关系，保障商品安全
客户拒收	送货时，客户拒绝签收商品或退货，配送员操作销单拒收	因外包装破损、商品破损、少件、无理由等原因拒收退货时，配送员报备至大区对接人，由大区对接人汇总后以表格形式报备客服，由客服发起逆向工单咨询商家，商家同意退回/超时未处理，为确保商品安全，做返仓操作，配送员需对商品拍照留证
改期配送	去前电联客户不便收货，与客户确认再次送货时间，完成确认后操作销单改期，并在系统中录入再次送货时间，严禁私自改期	去前电联客户，客户主动要求改期，在系统注明改期原因、再次送货时间，严禁私自改期

注：使用循环保温箱配送的冷链商品拒收后，需要将保温箱交还配送点站长，由站长要求调拨司机返回上级分拨。

（2）考核标准。

①销单节点：配送员必须100%使用手持现场销单，未使用手持现场销单，每单负激励20元，连续超过5次，自有员工则解除其劳动合同，承运商、外包商则终止合作。

②私自改期：客户未主动联系配送员要求改日配送，未征得客户同意的情况下，配送员销单改期，即为私自改期。

注：如配送员错销单，需由配送员第一时间通过短信、微信、电话途径报备网络管理部经理，备注格式"单号+错销单状态+原因"；配送员截图留存并通过短信、微信报备图片，同时截图必须含日期和时间。若为电话报备的还需保存通话记录与录音。

（三）服务态度标准

1．服务红线内容

不送货上门、服务态度差、违规投递、虚假销单、私收杂费、私自退货、强制客户收货等，如表3-5-9所示。

表3-5-9 服务红线内容例表

服务红线内容	具体表现和处理
不送货上门	未将商品送到面单详细地址或客户指定的地址。未执行送货上门导致客户投诉，配送员处以500元/单罚款；被客户投诉累计3次（1年内含3次）以上，自有配送员解除劳动合同，承包商、外包商则终止合作
服务态度差	与客户发生冲突、言语不当、拒绝客户合理要求等行为。出现辱骂客户，发声争吵等服务态度差收到投诉，配送员处以500元/单罚款；被客户投诉累计3次（1年内含3次）以上，自有配送员解除劳动合同，承包商、外包商则终止合作
违规投递	私自让他人代收：未经客户同意私自将商品交给他人代签 私自转投：未经客户同意私自将商品转投自提柜，或将商品放至门卫等地方 配送员按1000元/单进行处罚，自有配送员解除劳动合同，承包商、外包商则终止合作
虚假销单	客户或客户指定的代收人未接收到本公司递送的包裹的情况下，配送员销单完成。配送员按1000元/单进行处罚，自有配送员解除劳动合同，承包商、外包商则终止合作
私收杂费	退还用户私收杂费，配送员予以500元/单罚款；若导致客户升级投诉，曝光事件，配送员按2000元/单进行处罚，自有配送员解除劳动合同，承包商、外包商则终止合作
私自退货	未经客户同意私自将商品退回仓库。配送员按500元/单进行处罚，自有配送员解除劳动合同，承包商、外包商则终止合作
强制客户收货	客户明确拒收商品，仍强制客户签收导致客户投诉的行为。 配送员按500元/单进行处罚，自有配送员解除劳动合同，承包商、外包商则终止合作
顾客差评	对于页面产生的相关平台中差评，责任人第一时间联系客户致歉，取得客户谅解，追加好评，并在后期作业中严格按照服务标准执行，赢得客户好评 以上红线投诉处罚外，客户升级投诉包括但不限于315、法律、工商等途径进行投诉及严重网络/声/视/平媒体等负面报道，一律扣罚责任人2000元并清退

2. 考核数据取值

相关物流平台中差评、购物平台中差评、任务单。

（四）还款要求

（1）还款时间。货款须在销单次日12点前完成还款，需在规定时间内安排到就近门店还款，还款异常必须当日报快递点主管提交异常流程。

（2）合单支付。非客户要求，合并订单配送员必须使用合并支付，统一刷卡。

（3）签购单。客户签字的POS签购单要带回快递点统一保管，保管期限为2年。

补充阅读

由中国物流与采购联合会等企事业单位组织起草的国家标准《电子商务冷链物流配送服务管理规范》（GB/T 39664—2020），已由中国国家标准化管理委员会批准公布，并于2021年7月1日起实施。本标准规定了电子商务冷链物流配送的基本要求、管理要求、作业流程及要求和内审及改进。本标准适用于电子商务冷链物流配送服务提供方对配送作业服务的管理，本标准不适用于医药链物流配送，感兴趣的同学可自行查阅。

项目测试

一、单项选择题

1. 在配送作业流程中，集货作业的后一个流程是（　　）。

A. 包装作业　　B. 装车交接　　C. 分拨作业　　D. 分货作业

2. 配送站点作业的差异多发生在交货环节，常见的作业异常不包括（　　）。

A. 交错客户　　B. 客户拒收　　C. 上车漏装　　D. 少交货品

3. 配送作业的最后一个节点是（　　）。

A. 配送站点　　B. 配送中心　　C. 客户　　D. 中转点

4. 影响车辆积载的主要因素不包括（　　）。

A. 货物特性　　B. 货物包装情况　　C. 亏载　　D. 不能拼装运输

5.（　　）是指在经济合理区域范围内，根据客户要求，对物品进行拣选、加工、包装、分割、组配等作业，并按时送达指定地点的物流活动。

A. 送货　　B. 装载　　C. 配送　　D. 配载

6. 下列属于货物入库业务准备工作的有（　　）。

A. 单证准备　　B. 设备准备　　C. 验收准备　　D. 人员准备

7. 下列属于系统复核具体操作步骤的是（　　）。

A. 从RF终端进入“复核”模块　　B. 随机抽取物流箱，扫描条形码，核对货品信息

C. 客户间调拨　　D. 复核完货品信息，确认保存，退出系统

8. 以下属于下货验收作业注意事项的是（　　）。

A. 注意货品的安全性　　B. 注意交接的单据是否完整

C. 注意有无差异　　D. 注意使用礼貌用语

9. 在选择货位时，应当遵循的原则是（　　）。

A. 距离最短　　B. 最快捷　　C. 成本最低　　D. 最适合

10. 适合体积小且少量多样出货的货品的补货方式是（　　）。

A. 拆零补货　　B. 整箱补货　　C. 整托补货　　D. 货架上层–下层的补货

11. 货物交接前需要对其进行初步验收，一个是数量验收，另一个是（　　）。

A. 质量验收　　B. 单证验收　　C. 包装验收　　D. 规格验收

12. 对于因产品有缺陷，客户要求退货的处理方法是（　　）。

A. 无条件重送货　　B. 运输单位赔偿

C. 重新送货或替代　　D. 收取费用，重新送货

二、多项选择题

1. 物流行业作为服务性行业，要求从业人员具有良好的服务意识，其服务意识的内涵包括（　　）。

A. 可以通过培养、教育训练形成　　B. 发自服务人员内心的

C. 是服务人员的本能和习惯　　D. 可以事后检验并改进提高

2．配送站点的流程主要包括（　　）。

A．收货作业流程　　B．拆箱收货作业流程　　C．出站作业流程　　D．自提作业流程

3．配送按配送组织者不同划分，包括（　　）。

A．生产企业配送　　B．销售企业配送　　C．即时配送　　D．定时配送

4．理货是配送中心的一项重要作业内容，也是配送区别于一般送货的重要标志，理货包括（　　）等项作业活动。

A．货物分拣　　B．准备货物　　C．制订配送计划

D．包装　　E．配货

5．为避免装错货品，出货员领取出货凭证后须与司机提供的装车单仔细核对，核对项目是（　　）。

A．货品名称　　B．货品规格　　C．货品数量　　D．货品价格

三、判断题

1．分货作业时，需要依次扫描商品条码，确保所有的商品都分拣完成。（　　）

2．拣货方式主要有播种式和摘果式两种，其中拣货人员按某一要货订单要求挑选出每一种商品，巡回完毕完成一次拣货作业的方式称为播种式。（　　）

3．配送从本质上是运输，但又不同于运输，它是运输在功能上的延伸。（　　）

4．同城配送又被称为最后一公里物流，也被称为城市轻物流。（　　）

5．集货作业时，可以随机设定装箱顺序，顺手便于操作即可。（　　）

6．配送员下车后，首先将发货单交给客户收货人员。（　　）

四、业务操作题

某配送中心的网络图如下图所示，图中*P*为配送中心，*A-H*为需要配送的客户，共有8个客户，括号内为各客户需要配送货物的吨数，线路上的数字为道路的距离（km）。配送中心现有额定载重量分别为2t、4t的车辆若干台。请用节约里程法设计最佳配送路线，并计算总里程，说明两种类型的车辆各使用几辆。

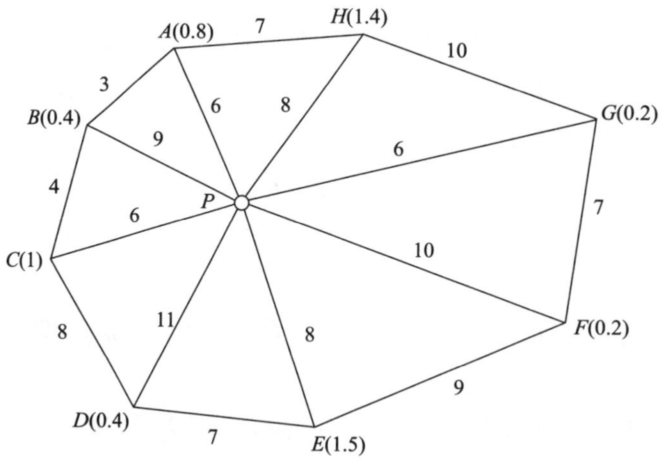

项目四　成本与绩效管理

项目导学

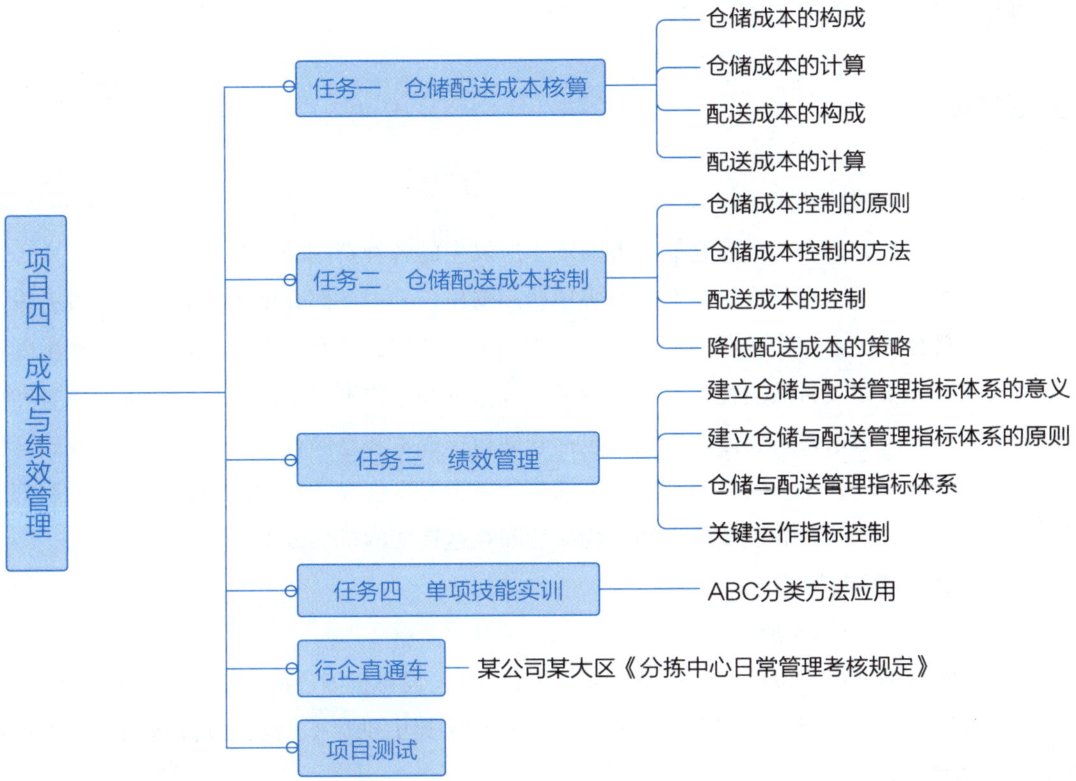

学习任务

任务一　仓储配送成本核算

学习目标

1. 掌握仓储成本的构成
2. 掌握配送成本的构成
3. 能够核算仓储成本
4. 能够核算配送成本
5. 具有把理论知识与实际工作相结合的能力

任务导入

某企业的物流储运系统主要功能是将该企业生产的产品及向其他供应商采购的印刷品、辅销产品等先转运到位于广州的储运中心，然后通过不同的运输方式运抵各地的区域仓库（主要包括沈阳、北京及上海外仓）暂时储存，再根据需求转运至设在各省市的店铺，并通过送货或店铺等销售渠道推向市场。该公司采用了“团队+第三方物流供应商”的运作模式，实行“核心环节增大投入、非核心环节进行外包”的物流战略。

思考与讨论：该公司的物流战略有哪些好处？

任务实施

一、仓储成本的构成

仓储成本是指仓储企业开展仓储业务活动中所发生的各种费用的总和。

仓储成本包括发生在货物储存期间的各项费用支出，其中一部分用于仓储设施、设备投入和维护，一部分用于仓储作业所消耗的材料费用和人工费用，还有一部分是货物自身产生的资金成本和风险成本以及自然损耗。由于仓库的服务范围和运作模式不同，仓储成本的内容和构成也不尽相同。一般来说，仓储成本主要包括仓储运作成本和仓储存货成本两部分。仓储运作成本发生在仓储部门，由仓储部门控制；仓储存货成本发生在存货控制部门，由存货控制部门控制。除此之外，一些企业还核算由于货物缺货和在途造成的机会成本。

（一）仓储运作成本

1. 仓储运作成本的构成

（1）固定成本。主要包括房屋折旧（或房屋租金）、设备折旧、库房固定人工工资等。

（2）变动成本。主要包括水费、电费、取暖费用（集中供热）、设备维修费用、工人加班费用、货损费用等。

2. 仓储运作成本的计算

（1）固定成本的计算。仓储固定成本每月的计算是相对固定的，一般情况下与库存数量没有直接关系，资料可以从财务部门直接得到。部分资料要经过整理和分割以分清仓储部门的费用情况，如固定资产中只有仓储部门的固定资产折旧才可以计入仓储运作成本。

（2）变动成本的计算。变动成本的计算是根据实际发生的运作费用计算的，如每月的水费、电费、取暖费用、设备维修费等，加班费和货损费用也可以按实际发生计算。

（二）仓储存货成本

仓储存货成本是指除运作成本以外由于存货而发生的各种成本，包括订货成本、资金占用成本和存货风险成本。

1. 订货成本

订货成本是指企业为了实现一次订货而发生的各种费用的总和，包括相关差旅费支出和办公费等支出等。订货成本中有一部分与订货次数无关，如常设机构的基本开支等，称为订货的固定成本；另一部分与订货的次数有关，如差旅费、通信费等，称为订货的变动成本。具体来讲，订货成本包括与下列活动相关的费用。

（1）检查存货费用。

（2）编制并提出订货申请费用。

（3）对多个供应商进行调查比较，选择合适的供应商的费用。

（4）填写并发出订单费用。

（5）填写并核对收货单费用。

（6）验收货物费用。

（7）筹集资金和付款过程中产生的各种费用。

2. 资金占用成本

资金占用成本是为购买货品和保证存货而发生的资金成本。资金成本可以用公司投资的机会成本或投资期望值来衡量，也可以用实际发生的资金成本来计算。为了谨慎和方便，一般企业资金成本用银行贷款利息来计算。

3. 存货风险成本

存货风险成本是发生在货品持有期间的，由于市场变化、价格变化、货品质量变化所造成的企业无法控制的商品贬值、损坏、丢失和变质等成本。

（三）缺货成本

缺货成本是指由于库存供应中断而造成的损失，包括原材料供应中断造成的停工损失、产成品库存缺货造成的延迟发货损失以及丧失销售机会造成的损失，甚至还应包括商誉损失。缺货成本不是仓库存货实际发生的成本支出，而是进行库存决策的一种比较方法。例如生产企业以紧急采购代用材料来解决库存材料的中断之急，那么缺货成本就表现为紧急采购成本与正常采购成本之差。当企业某种产品缺货时，客户可能会购买该企业竞争对手的产品，这就会对该企业产生直接利润损失。如果因此失去客户，还可能为企业造成间接或长期损失。原材料、半成品或零配件的缺货还可能意味着机器空闲甚至停产，某些产品缺货可能引起企业市场占有率的降低和竞争能力的改变，因此，对于缺货的管理已成为仓储成本管理的重要内容。

缺货成本是由于外部或内部中断供应所产生的。当企业的客户得不到全部订货时，叫作外部缺货；当企业内部某个部门得不到全部订货时，叫作内部缺货。

如果发生外部缺货，将导致以下情况的发生。

1. 延期交货

延期交货有两种形式：一种是缺货商品可以在下次订货时得到补充；另一种是利用快递延期交货。如果客户愿意等到下次订货，那么企业实际上没有什么直接损失，但商品延期交货会产生特殊订单处理费用。延期交货的特殊订单处理费用要比普通订单处理费用高。由于延期交货经常是小规模装运，而且延期交货商品可能需要利用速度快、收费较高的运输方式运送，因此延期交货成本可根据额外订单处理费用和额外运费来计算。

2．失销

缺货可能造成一些用户转向其他供应商，也就是说许多公司都有生产替代产品的供应商，当一个供应商没有客户所需的商品时，客户就会从其他供应商那里订货，在这种情况下，企业的直接损失就是这种商品的毛利。除此之外，失销还包括当初负责相关销售业务的销售人员所付出努力的损失。需要指出的是，有时很难确定失销的总损失。例如许多客户习惯用电话订货，客户只是询问是否有货，而未指明要订货多少，如果这种产品没货，企业很难准确地知道损失的总量，而且很难估计一次缺货对未来销售的影响。

3．失去客户

企业可能因缺货而失去客户，也就是说客户永远转向其他供应商。失去客户意味着企业也就失去了未来的一系列收入，这种缺货造成的损失很难准确估计。失去客户除了利润损失，还有商誉损失。如果企业失去的是主要客户或者大部分客户，那么企业可能就失去了存在的意义。

（四）在途存货成本

仓储成本主要包括仓库中货品的运作成本和存货成本，但有时在途成本也必须加以考虑。如果企业以目的地交货价销售商品，就意味着企业要负责将商品运达客户，当客户收到订货商品时，商品的所有权才转移。从财务的角度来看，在途商品仍是企业的库存，因为这种在途商品在交给客户之前仍然属于企业所有。

在途库存的资金占用成本一般等于仓库中库存的资金占用成本。在途库存一般与仓库运作成本不相关，但要考虑在途货物的保险费用。选择快速运输方式时，一般货物过时或变质的风险要小一些，因此仓储风险成本较小；否则仓储风险成本就较大。一般来说，在途存货成本要比仓库中的存货成本小。如果企业库存量以及在途时间和风险比较小，这部分成本可以忽略不计。

二、仓储成本的计算

（一）计算仓储成本的目的

仓储成本的计算范围、计算对象和计算要素“因人而异”，没有统一的计算标准，不同企业的运作模式也各不相同。从企业经营的总体需求来讲，仓储成本的计算和信息的搜集主要为了满足以下几个方面的需要。

（1）为各个层次的经营管理者提供仓储管理所需的成本资料。

（2）为编制仓储预算以及预算控制提供所需的成本资料。

（3）为制订仓储计划提供所需的成本资料。

（4）为监控仓储管理水平提供各种成本信息。

（5）为价格计算提供所需的成本资料。

仓储成本除了按物流活动领域、支付形态等类别分类外，还可以根据管理的需要进行分类，通过不同期间成本的比较、实际发生费用与预算标准的比较，并结合仓储周转量和仓储服务水平，对仓储成本进行分析。

（二）仓储成本计算的一般方法

在计算仓储成本时，原始数据主要来自财务部门提供的数据。因此，应该把握按支付形态分类的成本。在这种情况下，对外支付的保管费可以直接作为仓储成本全额统计，但对于企业内发生的仓储费用常常与其他部门发生的费用混合在一起，则需要进行细分归集。作用在计算仓储管理对象上的直接费用，如材料费、人工费等直接计入仓储成本，其他不能直接计入仓储核算对象的各种间接费用单独归类反映，并按仓储对象实际消耗计入仓储成本，如营运间接费用等。

1．材料费

与仓储有关的包装材料、消耗工具、器具备品、燃料等费用，可以根据材料的出入库记录，将此期间与仓储有关的消耗量计算出来，再分别乘以单价便可得出仓储材料费。

仓储材料成本=仓储材料实耗数×材料单价

2．人工费

人工费可以从仓储人员的工资、奖金、补贴等报酬的实际支付金额得到，以及由企业统一负担部分按仓储岗位人数分配后得到的金额计算出来。

仓储应分摊工资额=仓储部门员工数×（应分配的工资总额/员工总人数）

3．营业间接费用

营业间接费用包括仓储各环节发生的水电费、折旧费及其他一般管理费等。

（1）水电费。水电费包括水、电、气等费用，可以根据设施上所记录的用量来获取相关数据，也可以根据建筑设施的比例和仓储人员的比例简单推算。

当月实耗数=月末记录数–月初记录数

（2）折旧费。计算折旧首先要选择合适的折旧方法，然后根据设施设备的折旧年限和残值或残值率计算折旧，利息可以根据物流相关资产的贷款利率计算。

年折旧率=［（1–残值率）/预计使用年限］×100%

月折旧率=年折旧率/12

月折旧额=原值×月折旧率

或年折旧额=（原值–残值）/预计使用年限

（3）管理费。一般管理费无法从财务会计方面直接得到相关的数据，除去企业管理部门的管理费用外其他费用可以分配计入仓储成本。

应摊仓储管理费=仓储部门员工数×（应分配的管理费用总额/员工总人数）

（三）仓储成本计算的其他方法

为了合理计算仓储成本，有效监控仓储过程中发生的费用来源，可以按仓库支付形式、仓储活动项目或适用对象等不同方法计算仓储成本。

1．按仓库支付形式计算仓储成本

把仓储成本分别按仓储搬运费、仓储保管费、材料消耗费、人工费、仓储管理费、仓储占用资金利息等支付形态分类，计算出仓储成本的总额。耗用最多的成本项目中可控部分可确定为仓储成本管理的重点。

这种计算方法是从月度损益表中“管理费用、财务费用、营业费用”等各个项目中取出相应数值乘以对应比率（仓储部门比率分别按人数平均、台数平均、面积平均、时间平均等计算出来）算出仓储部门的费用，再将仓储成本总额与上一年度的数值进行成本差异分析，找出差异原因，合理制定成本管理目标和计划。

2. 按仓储活动项目计算仓储成本

按仓储活动项目计算仓储成本是将仓库中的各个运作环节发生的成本分别统计，如入库费用、出库费用、分拣费用、检查费用、盘点费用等。在仓库众多的情况下，采用按活动项目计算仓储成本的方法可以进行横向对比，从而达到有效管理的目的。

3. 按适用对象计算仓储成本

仓储成本的计算也可以按照仓库商品所适用的对象，按产品、地区的不同分别计算仓储成本，这就是一般所说的按适用对象计算仓储成本。按照不同对象计算仓储发生成本，并计算仓储成本占销售金额或毛收入所占比例，及时发现仓储过程存在的问题并加以解决。

三、配送成本的构成

配送成本就是完成配送活动需要付出的代价，是配送过程中所发生的费用总和。根据配送流程及配送环节，配送成本实际上包含配送运输费用、流通加工费用等，其成本应由以下费用构成。

（一）配送运输费用

1. 车辆费用

车辆费用指从事配送运输生产而发生的各项费用。具体包括驾驶员及助手等的工资及福利费、燃料、轮胎、修理费、折旧费、养路费、车船使用税等项目。

2. 营运间接费用

营运间接费用是指营运过程中发生的不能直接计入各成本计算对象的站、队经费。具体包括站、队人员的工资及福利费、办公费、水电费、折旧费等内容，但不包括管理费用。

（二）拣选费用

1. 拣选人工费用

拣选人工费用是指从事拣选工作的作业人员及有关人员工资、奖金、补贴等费用的总和。

2. 拣选设备费用

拣选设备费用是指拣选机械设备的折旧费用及修理费用。

（三）配装费用

1. 配装材料费用

常见的配装材料有木材、纸、自然纤维和合成纤维、塑料等。这些包装材料功能不同，成本相差很大。

2．配装辅助费用

除上述费用外，还有一些辅助性费用，如包装标记、标志的印刷、拴挂物费用等的支出。

3．配装人工费用

配装人工费用是指从事配装工作的工人及有关人员的工资、奖金、补贴等费用总和。

（四）流通加工费用

1．流通加工设备费用

流通加工设备因流通加工形式不同而不同，购置这些设备所支出的费用以流通加工费用的形式转移到被加工产品中去。

2．流通加工材料费用

流通加工材料费用是指在流通加工过程中，投入加工过程中的一些材料消耗所需要的费用，即流通加工材料费用。

3．流通加工人工费用

在流通加工过程中从事加工活动的管理人员、工人及有关人员工资、奖金等费用的总和。

实际应用中，应该根据配送的具体流程归集成本，不同的配送模式其成本构成差异较大。相同的配送模式下由于配送物品的性质不同，其成本构成差异也很大。

四、配送成本的计算

配送成本费用的计算是涉及多环节的成本计算，首先应对每个环节计算成本，再汇总计算总成本。总成本是指在成本计算期内，成本计算对象的成本总额，即各个成本项目金额总和。配送成本费用总额由各个环节的成本组成，其计算公式为：

配送成本=配送运输成本+拣选成本+配装成本+流通加工成本

（一）配送运输成本的计算

配送运输成本的计算是指将配送车辆在配送运输过程中所发生的费用按照规定计入配送对象或运输成本项目。

配送运输成本=工资及职工福利费+燃料+轮胎+修理费+折旧费+养路费及运输管理费+车船使用税、行车事故损失和其他费用+营运间接费用

（二）拣选成本的计算

拣选成本是指拣选机械及人工在完成货物拣选过程中所发生的各种费用。

1．拣选成本的项目和内容

（1）拣选直接费用。拣选直接费用包括：工资，指按规定支付给拣选作业工人的标准工资、奖金、津贴等；职工福利费，指按规定的工资总额和提取标准计提的职工福利费；修理费，指拣选机械按规定进行保养和修理所发生的费用；折旧费，指拣选机械按规定计提的折旧费；其他费用。

（2）拣选间接费用。这是指配送拣选管理部门为管理和组织拣选生产，需要由拣选成本负担的各项管理费用和业务费用。

2．拣选成本的计算方法

拣选成本=工资及职工福利费+修理费+折旧费+拣选间接费用+其他

（三）配装成本的计算

配装成本是指在完成配装货物过程中所发生的各种费用。

1．配装成本的项目和内容

（1）配装直接费用。配装直接费用包括：工资、奖金、津贴、职工福利费、材料费用以及其他费用。工资是指按规定支付的配装作业工人的标准工资；职工福利费是指按规定的工资总额和提取标准计提的职工福利费；材料费用是指配装过程中消耗的各种材料，包括：直接材料（如包装纸、箱、塑料等）以及辅助材料（如标志、标签等）。

（2）配装间接费用。这是指配送配装管理部门为管理和组织配装生产所发生的各项费用，由配装成本负担的各项管理费用和业务费用。

上述配装直接费用和配装间接费用构成了配装成本。

2．配装成本的计算方法

配装成本=工资及福利费+材料费用+辅助材料费用+配装间接费用+其他费用

（四）流通加工成本的计算

1．流通加工的成本项目和内容

（1）直接材料费。流通加工的直接材料费用是指流通加工过程中直接消耗的材料、辅助材料、包装材料以及燃料和动力等费用。与工业企业相比，在流通加工过程中的直接材料费用占流通加工成本的比例不大。

（2）直接人工费用。流通加工成本中的直接人工费用是指直接进行加工生产的生产工人的工资总额和按工资总额提取的职工福利费。生产工人工资总额包括：计时工资、计件工资、奖金、津贴和补贴、加班工资、非工作时间的工资等。

（3）制造费用。流通加工制造费用是配送中心设置的生产加工单位为组织和管理生产加工所发生的各项间接费用。主要包括流通加工生产单位管理人员的工资及提取的福利费，生产加工单位房屋、建筑物、机器设备等的折旧费和修理费，生产单位固定资产租赁费、机物料消耗、低值易耗品摊销、取暖费、水电费、办公费、差旅费、保险费、试验检验费、季节性停工和机器设备修理期间的停工损失以及其他制造费用。

2．流通加工成本的计算

流通加工成本=直接材料费用+直接人工费用+制造费用

任务二　仓储配送成本控制

学习目标

1．理解仓储成本的控制原则
2．掌握配送成本的控制策略
3．能够学会运用控制仓储成本的方法
4．能够学会运用控制配送成本的方法
5．培养学生的成本管理意识

任务导入

某物流公司的业务领域覆盖汽车备件售后服务的供应链各环节，公司主要存储某大型汽车公司的备件物资，存储库存品种约60000种。为了解决物资补货不及时、不能实现实时交互共享等问题，该公司引进物流管理系统（M-WMS），实现从入、存、出，到智能补货、发货等全程智能化系统操作。

思考与讨论：该公司为什么要引入物流管理系统（M-WMS）?

任务实施

一、仓储成本控制的原则

仓储成本是物流成本的重要组成部分，其高低直接影响企业的利润水平，因此合理控制仓储成本是企业物流管理的一项重要内容。

1．政策性原则

仓储成本控制的措施，不能损害国家、企业和消费者的利益，如果采用不适当的手段，则是极端错误的，应予避免。同时应重视质量和成本的关系，不能因追求降低仓储成本而牺牲库存的保管质量。

2．节约性原则

为了建立某项严格的仓储成本控制制度，需要发生一定的人力或物力支出，但这种支出不应太大，不应超过建立这项控制所节约的成本。同时，因仓储成本控制而发生的成本费用支出，不应超过因缺少控制而丧失的收益。

3．分级负责制管理原则

作为经济指标的成本，关乎企业所有部门和员工的工作实绩，仓储成本的控制也是全体员工都要参与的工作。企业的仓储成本控制目标，要层层分解，落实到各环节、各小组甚至个人，形成一个仓储成本控制系统。

4. 责任与利益相结合原则

落实到每一个环节、小组或个人的目标成本，必须与他们的责任大小、控制范围相一致，否则成本控制就不可能产生积极的效果。同时为了充分调动控制者的积极性，应将仓储成本控制的好坏与奖励的大小结合起来。

二、仓储成本控制的方法

企业在进行仓储成本控制时应权衡利弊，合理确定控制的策略和措施。控制仓储成本首先要对仓储费用的组成要素进行分析，有针对性地找出对影响费用最大的因素加以控制，以达到对症下药的目的。例如，在国外先进国家的仓储费用中，人工费用占到50%以上，而目前我国仓储费用中的资产费用占据了相当大的比例。控制仓储费用首先采取的措施应从快速见效的部分入手。但由于仓储成本与物流成本其他要素之间存在二律背反的现象，因此降低仓储成本要在保证物流总成本最低和不降低企业总体服务质量水平的前提下进行，常见的措施如下。

（一）优化仓储布局，做到适度集中库存

库存集中是指利用储存规模优势，以适度集中储存来代替分散的小规模储存，以实现仓储成本的优化。目前，包括海尔在内的许多企业通过建立大规模的物流中心，把过去零星库存集中起来进行管理，并对一定范围内的用户进行直接配送，从前显著降低了仓储成本。因此，进行适度库存集中可以提高对单个用户的保证能力，有利于采取机械化、自动化方式，有利于形成一定批量的干线运输，并有利于形成支线运输的始发点。但是，在进行仓库布局时要注意仓库的减少与库存的集中有可能会增加运输成本。企业要在运输成本、仓储成本和配送成本总和平衡的基础上，考虑仓库布局与集中储存，在总储存费用与运输费用之间取得最优。

（二）合理选择适当的订货方式控制仓储成本

不同的企业可以根据自身的特点，通过采用订货点控制法和经济订货批量控制法来安排货物的采购，以降低仓储成本。

1. 使用订货点控制法控制库存

该方法管理方便，订货时间和订货量不受人为因素影响，可以保证库存管理的准确性，并便于按经济订货批量订货，节约库存成本。订货量确定后，便于按计划安排库内的作业活动，节约管理费用。但要注意的是使用订货点控制法不便于对库存进行严格的管理，所以只适合于单价比较便宜、不便于少量订货的物品，或通用性强、需求总量比较稳定的物品，或消费量计算复杂，品种数量多、库存管理量大的物品，具体原理和计算方法前文已有，不再赘述。

2. 使用经济订货批量法控制库存

使用该方法要注意制定适当的订货策略，协调订货费用和库存费用之间的关系。订货批量的大小关系到订货费用和保管费用的高低。在一定时期内，物资的总需量一定时，订货批量增大，订货次数就会减少，订货费用就会降低，然而保管费用会提高；若订货批量减小，保管费用就会降低，而订货次数就会增加，使得订货费用增加。企业应确定合理的订货批量使得订货费用和保管费用的和最小，具体原理和计算方法前文已有，不再赘述。

（三）利用ABC分类法控制存货成本

ABC分类管理就是将库存物品按品种和占用资金的多少分为特别重要的库存A类、一般重要的库存B类和不重要的库存C类3个等级，然后针对不同等级分别进行管理与控制。在对库存进行ABC分类之后，要根据企业的经营策略对不同级别的库存进行不同的管理和控制。

A类库存物资数量虽少但对企业却最为重要，是最需要严格管理和控制的库存。企业必须对这类库存进行定时盘点，详细记录及经常检查分析物资使用、存量增减、品质维持等信息，加强进货、发货、运送管理，在满足企业内部需要和顾客需要的前提下维持尽可能低的经常库存量和安全库存量，加强与上下游企业的合作，降低库存水平，加快库存周转率，最终达到控制库存成本的目的。

B类库存居于一般重要的地位，对这类库存的管理强度介于A类库存和C类库存之间，对B类库存一般进行正常的例行管理和控制即可。

C类库存物资数量最大但对企业的重要性最低，因而被视为不重要的库存。就库存成本控制而言，由于该类库存的价值不大，所以可以采取尽可能简单的管理方式以节约库存成本，如减少这类库存的管理人员和设施，具体原理和计算方法前文已有，不再赘述。

（四）优化库存，降低存货成本

1．排除无用的库存

定期核查仓库中的货品，将长期不用、过期、过时的货品及时上报清理。在仓储中无用的库存货品既占用空间，又浪费库房运作费用，要建立制度对无用库存货品进行及时处理。

2．减少库存量

仓储费用的发生与库存数量成正比例关系，在满足存货保证功能的前提下，将存货数量减到最低是减少仓储成本的最直接办法。库存数量的减少既要靠存货控制部门合理的计划、与客户和供应商的良好沟通，也要依靠仓储部门的良好管理。仓储部门快速的信息传递、准确的账物都能为减少库存提供良好的帮助。

（五）采用“先进先出”方式，减少仓储物的保管风险

“先进先出”是储存管理的准则之一，它能保证每个被储存物的储存期不至过长，减少仓储物的保管风险。具体有效的“先进先出”方式主要有以下几种。

1．重力式货架系统

利用货架的每层形成贯通的通道，从一端存入物品，另一端取出物品，物品在通道中自行按先后顺序排队，不会出现越位等现象。贯通式（重力式）货架能非常有效地保证先进先出。

2．“双仓法”储存

给每种被储存物都准备两个仓位或货位，轮换进行存取，再配以必须在一个货位中出清货物后才可以补充的规定，则可以保证实现“先进先出”。

3．存取系统采用计算机管理

在存货时向计算机输入时间记录，编入一个简单地按时间顺序输出的程序，取货时计算机就能按时间给予指示，以保证“先进先出”。这种计算机存取系统还能将“先进先出”保证不

做超长时间的存储和快进快出结合起来，即在保证“先进先出”的前提下，将周转快的物资随机存放在便于存储之处，以加快周转，减少劳动消耗。

（六）提高储存密度，提高仓容利用率

1. 采取高垛的方法，增加储存的高度

具体方法有采用高层货架仓库、集装箱等，都可比一般堆存方法大大增加储存高度。

2. 缩小库内通道宽度以增加有效储存面积

具体方法有采用窄巷道式通道，配以轨道式装卸车辆，以减少车辆运行宽度要求；采用侧移式叉车、推拉式叉车，以减少叉车转弯所需的宽度。

3. 减少库内通道数量以增加有效储存面积

具体方法有采用密集型货架，采用不依靠通道可进车的可卸式货架，采用各种贯通式货架，采用不依靠通道的桥式起重机装卸技术等。

除此之外，利用计算机系统提高仓储作业效率，及时准确地反馈仓储信息，加强管理也是极其必要的。

三、配送成本的控制

1. 加强配送的计划性

在配送活动中，临时配送、紧急配送或无计划的随时配送都会大幅度增加配送成本。临时配送由于事先计划不善，未能考虑正确的装配方式和恰当的运输路线，到了临近配送截止时期时不得不安排专车单线进行配送，造成车辆未满载、里程多。紧急配送往往只要求按时送货，来不及认真安排车辆配装及配送路线，从而造成载重和里程的浪费。而为了保持服务水平，又不能拒绝紧急配送。但是如果认真核查并有调剂准备的余地，紧急配送也可纳入计划。随时配送对订货要求不做计划安排，有一笔送一次。这样虽然能保证服务质量，但是不能保证配装与路线的合理性，也会造成很大浪费。

2. 确定合理的配送路线

合理选择配送路线是配送活动中的一项重要工作。确定配送路线可采用方案评价法，先初步拟定多个方案，以使用的车辆数量、司机数量、耗油量、行车的难易度、装卸车的难易度及送货的准时性等作为评价指标，对各个方案进行比较，从中选出最佳方案，也可以采用数学模型进行定量分析。

3. 进行合理的车辆配载

实际配送过程中一次配送的物品可能有多个品种。这些物品的体积、轻重、包装不同，可能有的物品达到了车辆的载重量，但体积空余很大；有的物品虽达到了车辆的最大体积，但达不到载重量。采用轻重配装，既能使车辆满载，又能充分利用车辆的容积，会大大减少配送成本。

4. 高效使用现代化技术

在配送作业中，分拣、配货的作业量比较大，还容易发生差错。如果在拣货、配货时运用计算机管理系统和条形码等现代化技术，就可使拣货快速准确，配货简单高效，从而提高生产效率，节省劳动力，降低配送成本。

5. 明确规定配送成本标准

配送成本标准包括配送成本预算中规定的各项指标，但配送成本预算中的一些指标都比较综合，还不能满足具体控制的要求，所以必须明确规定一系列配送成本的具体标准。

6. 经常检查配送成本的形成

要经常开展过程性检查、评比和监督配送成本形成的各个项目，不仅要检查指标本身的执行情况，而且要检查和监督影响指标的各项条件，如设备、工作环境等，所以，配送成本日常控制要与配送作业控制结合起来进行。

7. 严格控制成本差异

成本的控制标准制定后要经常与实际支出比较，对于配送成本差异发生的原因，要查明责任者，查清情况，提出改进措施，严格贯彻执行。

四、降低配送成本的策略

（一）混合策略

混合策略是指配送业务一部分由企业自身完成，其他的业务则由第三方物流完成。这种策略的基本思想是：采用纯策略的配送方式超出一定程度不仅不能取得规模效益，反而还会造成规模不经济；而采用混合策略，合理安排企业自身完成的配送和外包给其他的物流企业完成配送，能使配送成本最低。

（二）差异化策略

差异化策略的指导思想是当企业拥有多种产品线时，不能对所有产品都按同一标准的顾客服务水平来进行配送，而应按顾客的类别、产品的特点、销售水平来设置不同的库存、不同的运输方式以及不同的储存地点，如果忽视产品的差异性会增加不必要的配送成本。

（三）合并策略

1. 配送方法上的合并

企业在安排车辆完成配送任务时，充分利用车辆的容积和载重量，做到满载满装，是降低成本的重要途径。由于产品品种繁多，所以不仅包装形态、储运性能不一，而且在容重方面也往往相差甚远。一辆车如果只装容重大的货物，往往是达到了载重量，但车辆容积空余很多；只装容重小的货物则相反，看起来车装得满，实际上并未达到车辆载重量。这两种情况实际上都造成了浪费。实行合理的轻重配装、容积大小不同的货物搭配装车，就可以不但在载重方面达到满载，而且也充分利用了车辆的有效容积，取得最优效果。

2. 共同配送

共同配送是一种产权层次上的共享，也称集中协作配送。它是几个企业联合，集小量为大量，共同利用同一配送设施的配送方式，其标准运作形式是在中心机构的统一指挥和调度下，各配送主体以经营活动（或以资产为纽带）联合行动，在较大的地域内协调运作，共同对某一个或某几个客户提供系列化的配送服务。

（四）延迟策略

传统的配送计划安排中，大多数的库存是按照对未来市场需求的预测量设定的，这样就存在着预测风险，当预测量与实际需求量不符时，就会出现库存过多或过少的情况，从而增加配送成本。延迟策略的基本思想就是对产品的外观、形状及其生产、组装、配送应尽可能推迟到接到顾客订单后再确定。

（五）标准化策略

标准化策略就是尽量减少因品种多变而产生的附加配送成本，尽可能多地采用标准零部件、模块化产品。如服装制造商按统一规格生产服装，直到顾客购买时才按顾客的身材调整尺寸大小。采用标准化策略要求厂家从产品设计开始就要站在消费者的立场去考虑怎样节省配送成本，而不要等到产品定型生产出来了才考虑采用什么策略去降低配送成本。

任务三　绩效管理

学习目标

1. 掌握仓储与配送管理指标体系
2. 理解KPI指标
3. 能够计算仓储作业考核指标
4. 能够利用各项考核指标考评仓储配送作业
5. 培养学生对仓储配送绩效的考核评价能力

任务导入

绩效标杆法分四步进行：对照或对比的标杆企业进行数据的收集，确定当前绩效水平，制订未来绩效水平计划；建立改进目标，制订行动计划；执行行动计划和监督进程；修正绩效标杆。实施绩效标杆法，某物流公司降低了50%的成本，缩短了25%的交货周期，并使员工增加了20%的收入，市场占有率有了大幅度的增长。

思考与讨论：实施绩效标杆法的关键是什么？

任务实施

一、建立仓储与配送管理指标体系的意义

仓储与配送的各项生产经营活动都与其经济效益有着密切的联系，同时现代仓库与配送的各项经济技术考核指标也是其经营管理成果的集中体现，是衡量现代仓库管理与配送水平高低的尺度，是考核各项工作成绩的重要手段。因此，建立和健全一整套行之有效的考核指标体

系，对于加强现代仓储与配送管理、提高经济效益有着十分重要的意义。

（一）有利于提高经营管理水平

经济核算中的每个指标均反映了现代仓储与配送管理中的一个侧面，而一个有效的、完整的指标体系能反映管理水平的全貌，通过对比分析就能找出工作中存在的问题，提高管理水平。随着物流业的大发展，仓储与配送企业的竞争也日趋激烈。要使所经营的现代仓储与配送企业能始终立于不败之地，就必须优化管理、增强自身的竞争力、加强经济核算。

（二）有利于落实经济责任制

经济核算的各项指标是实行现代仓储与配送经济核算的依据，也是衡量各岗位工作好坏的尺度。要推行现代仓储与配送管理的经济责任制，就必须实行按劳取酬，建立并完善经济核算制度。

（三）有利于加快仓储与配送企业的现代化建设

经济核算会促进现代仓储与配送企业优化劳动组织，改变人浮于事、机构臃肿的状况，从而提高劳动效率，降低活劳动的成本。经济核算又能促进企业改进技术装备和作业方法，找出仓储与配送作业中的薄弱环节，对消耗高、效率低、质量差的设备进行革新、改造，并有计划、有步骤地采用先进技术，提高仓储与配送机械化、自动化水平，逐步实现现代化。

（四）有利于增加配送的经济效益

现代仓储与配送是独立核算的企业，其经济效益的好坏已成为直接关系到能否生存的大事。因此，加强经济核算、找出仓储与配送管理中存在的问题、降低成本、提高效益应成为现代仓储与配送企业的首要任务之一。

经济核算是现代仓储与配送企业一项长期的重要工作，须常抓不懈、不断提高。

二、建立仓储与配送管理指标体系的原则

为了使现代仓储与配送管理的考核工作能顺利进行，确保各项考核指标的合理、有效，在制定指标体系时，必须遵循以下原则。

（一）科学性和实用性

仓储与配送考核指标体系要具有科学性和实用性。科学性原则是指考核指标体系应能客观、真实地反映仓储与配送管理的水平，符合经济规律；实用性原则是指考核、评价指标体系的方法、内容应与仓库与配送中心现实情况相适应，能如实反映仓库与配送中心的实际经营水平。

（二）标准化

考核的内容、核算的指标标准规范才能使评价结果具有公正性，约束人为因素和随意性，形成合理的竞争机制。

（三）综合性

综合性指标体系中反映的内容应综合、全面，各指标之间应互相联系、互相制约，从而达到互相协调、互相补充的要求。考核评价的指标必须把影响仓储与配送管理的各种因素全面、

系统地反映出来。

（四）可比性

严格保持对比指标的可比性是计算和分析指标的基本原则。所谓指标的可比性，就是对比的两个指标是否符合所针对项目的要求。可比性要求在企业内部可比，也要与企业外部各企业间具有可比性，并应在一段时间内保持相对稳定，不易经常变动。

三、仓储与配送管理指标体系

仓库与配送中心担负着生产经营所需各种货物的收发、储存、保管保养等多项业务职能，而这些活动与生产经营及其经济效益密切相关。仓储与配送活动的各项考核指标是仓储与配送管理成果的集中反映，是衡量仓储与配送管理水平高低的尺度，也是考核、评估各方面工作和各作业环节工作成绩的重要手段。因此，指标考核对加强仓储与配送管理工作、提高管理的业务和技术水平是十分必要的。

仓储管理与配送部门经济技术指标可分为货物的效益指标、货物的质量指标、货物的效率指标和货物的经济性指标。

（一）货物的效益指标

货物的效益指标是反映配送中心容量、能力及货物储存数量的指标。核算这一指标的作用在于掌握仓储与配送管理水平、衡量仓储与配送能力、挖掘保管人员潜力、提高仓储与配送效能。常见的货物储存效益指标如下。

1. 期间货物吞吐量

期间货物吞吐量是反映仓库与配送中心工作数量的指标，也是计算其他指标的基础和依据。

期间货物吞吐量=期间货物总进库量+期间货物总出库量+期间货物直拨量

货物吞吐量也叫作货物总周转量，一般以“吨”或“箱”等为计量单位。期间货物吞吐量指标常常以“年”为计算周期。

2. 单位面积储存量

单位面积储存量是反映仓库与配送中心面积利用效率的指标。它一方面与仓库与配送中心规划和周转量有关；另一方面与货物的储位规划和堆放方式有关。

单位面积储存量=日平均储存量/库房或货场使用面积

（二）货物的质量指标

货物的质量指标可以反映仓储与配送工作的质量和效率，反映货品耗损情况以及仓库与配送中心设备的安全性和可靠性。常见的货物储存的质量指标如下。

1. 账物差异率

账物差异率是指在货物盘点时，仓库与配送中心货物保管账面上的货物储存数量与相应库存实有数量的相互符合程度。

账物差异率=账物差异笔数（件数、重量）÷储存货物总笔数（件数、重量）×100%

2．配送差错率

配送差错率反映配送的准确程度和服务质量。

配送差错率=配送差错累计笔数÷配送累计总笔数×100%

或配送差错率=配送差错件数（重量）÷期内配送总件数（重量）×100%

3．货物损耗率

货物损耗率反映货物保管（配送）的实际情况，尤其是那些易挥发、失重或破碎的货物，应制定相应标准。

货物损耗率=货物损耗额÷货物保管（配送）总额×100%

或货物损耗率=货物损耗额÷期内货物储存（配送）总量×100%

4．平均保管（配送）损失

保管（配送）损失的计算范围包括因保管（配送）不善造成的霉变残损、丢失短少、超定额损耗及不按规定验收、错收、错付而发生的损失等。通过核算保管（配送）损失可以进一步追查损失的事故原因，核实经济责任，使损失降低到最小。

平均保管（配送）损失=保管（配送）损失金额÷平均储存量

5．平均拣选时间

平均拣选时间反映仓储与配送的服务质量和配送效率。

平均拣选时间=拣选时间总和÷拣选总笔数

6．货物及时验收（配送）率

货物及时验收（配送）率=期内及时验收（配送）笔数÷期内收货（配送）总笔数×100%

7．设备完好率

设备完好率=完好设备台日数÷设备总台日数×100%

8．门店配送满足率

门店配送满足率=门店订单满足数÷门店订单总数×100%

（三）货物的效率指标

1．仓库与配送中心利用率

仓库与配送中心面积和容积利用率是衡量和考核仓库与配送中心利用程度的指标，表明仓库与配送中心的利用效率，是反映仓库与配送中心管理水平的主要指标之一，考核这项指标可以反映仓库与配送中心的使用是否合理，也可以挖潜多储，进一步提高仓库与配送中心的利用效率。

仓库（配送中心）面积利用率=仓库（配送中心）的有效堆放面积÷仓库（配送中心）总面积×100%

仓库（配送中心）容积利用率=报告期平均库存量÷库房总容量×100%

2．仓库与配送中心生产效率

仓库（配送中心）生产效率指标可以反映仓库（配送中心）的劳动生产率。

仓库（配送中心）生产效率=全年货物出入库总量÷仓库（配送中心）全员年工日总数

3. 资金使用效率

资金使用效率指标主要用于考核仓库与配送中心的资金使用情况，反映资金的利用水平及使用效果。

单位货物固定资产平均占用量=报告期固定资产平均占用量 ÷ 报告期平均货物储存量

单位货物流动资金平均占用量=报告期流动资产平均占用量 ÷ 报告期平均货物储存量

流动资金周转次数=年仓储业务总收入 ÷ 全年流动资金平均占用额

流动资金周转天数=360 ÷ 流动资金周转次数

或流动资金周转天数=全年流动资金平均占用额 × 360 ÷ 年仓储业务总收入

4. 货物周转速度

货物周转速度反映仓储与配送的效率。在保证货物供应的前提下应尽量降低储存量，从而加快货物的周转速度，提高仓储与配送的效率。

货物年周转次数=全年货物消耗总量 ÷ 全年货物平均储存量

货物周转天数=360 ÷ 货物年周转次数

或货物周转天数=全年货物平均储存量 × 360 ÷ 全年货物消耗总量

或货物周转次数=全年货物平均储存量 ÷ 货物平均日消耗量

（四）货物的经济性指标

1. 平均储存（配送）费用

平均储存（配送）费用可以综合反映仓储与配送的经济性。

平均储存（配送）费用=每月储存（配送）费用总额 ÷ 月平均储存（配送）量

2. 利润总额

利润总额是反映仓库与配送中心管理水平的主要指标之一，是反映企业经济效益的综合指标。

利润总额=报告期仓库总收入额－同期仓库（配送中心）总支出额

或　利润总额=仓库（配送中心）营业收入－储存成本和费用－税金 + 其他业务利润 ± 营业外收支净额

3. 资金利润率

资金利润率反映仓库（配送中心）资金的利用效果。

资金利润率=利润总额 ÷（固定资产平均占用+流动资产平均占用）× 100%

4. 收入利润率

收入利润率=利润总额 ÷ 仓库（配送中心）营业收入 × 100%

5. 每吨货物利润

每吨货物利润=报告期利润总额 ÷ 报告期货物储存（配送）总量

四、关键运作指标控制

KPI（Key Performance Indicator）即关键运作指标，是通过对组织内部某一流程的输入端、输出端的关键参数进行设置、取样、计算、分析，衡量流程绩效的一种目标式量化管理指标，是把企业的战略目标分解为运作的远景目标的工具，是企业绩效管理系统的基础。KPI是现代企业中普遍受到重视的绩效考核方法。

KPI的核心观念是设定与企业流程相关的标准值，定出一系列对企业发展、经营有提示、警告和监控作用的标准衡量指标，然后对实际经营过程中产生的相关指标实际值与预先设定的标准值进行比较和评估，并分析原因，找出解决的方法和途径，从而对企业的流程做相应的调整和优化，以使未来的实际绩效指标值可以达到令决策者满意的程度。

建立企业KPI体系首先要明确企业的战略目标，找出企业的业务重点和方向。然后找出这些关键业务领域的KPI，针对不同的作业环节和不同层次制定不同的KPI，确定实现目标的工作流程，分解出各部门级的KPI，并确定评价指标体系。

KPI指标体系确立之后，还需要设定评价标准。一般来说，指标指的是从哪些方面衡量或评价工作，解决“评价什么”的问题；标准指的是各个指标应该分别达到什么样的水平，解决“被评价者怎样做，做多少”的问题。

善用KPI考评企业将有助于企业组织结构集成化，提高企业的效率，精简不必要的机构、流程和系统。

【例4–1】某仓储企业KPI应用实例，如表4–3–1所示。

表4–3–1　某仓储企业KPI应用实例

KPI 模块	KPI 描述	采集方法
运营	库存准确率	根据盘点时差错率计算
	订单满足率	可由完全满足的订单占总订单的比例计算
	平均每小时拣货数量	可分箱拣、零拣、整托盘计算
收货	日平均收货托盘数量	一定时间段内收货的托盘数/总收货天数
	日平均收货件数	一定时间段内收货的件数/总收货天数
退货	日平均收货托盘数量	一定时间段内收货的托盘数/总收货天数
	日平均收货件数	一定时间段内收货的件数/总收货天数
库存	库存准确度	在一定时间段的循环盘点历史记录中：循环盘点总差异量（绝对值加总，正负差异都按正差异累加）/循环盘点期望总数量
	库存缩水度	在一定时间段的循环盘点历史记录中：循环盘点总缩水量（正负差异相互抵消）/循环盘点期望总数量
	库存周转率	一定时间段内日平均发货件数/总平均库存件数
	仓库使用率	使用容量/仓库总容量（选取库位体积或重量或件数）
	空闲库位率	空闲库位数/总库位数
拣货	拣货速率	日平均拣货件数
出库	订单出货率	一定时间段内日成功出货的订单数/总订单数
	按时出货率	对于订单有ship date控制的：ship date之内发货的订单数/总订单数
	日出货量	一定时间段内出货的件数/总天数

任务四　单项技能实训

实训项目：ABC分类方法应用

实训内容：某小型配送中心拥有10项库存品，各种库存品的年需求量、单价如表4-4-1所示，为了加强库存品的管理，企业计划采用ABC库存管理法。假如企业决定按10%的A类物品、30%的B类物品，60%的C类物品来建立ABC库存分析系统。

表4-4-1　货品需求信息表

库存品代号	年需求量／件	单价／元
a	40000	5
b	190000	8
c	4000	7
d	100000	4
e	2000	9
f	250000	5
g	15000	6
h	80000	4
i	10000	5
j	5000	7

实训要求：请你对该配送中心的库存品进行ABC分类。

评分要点

实训考核表如表4-4-2所示。

表4-4-2　考核要点分值表

要点	分值	得分
1. ABC分类法的规范性	20	
2. 答案的准确性	20	
3. 对于不同类别货物的策略描述	20	
4. 计算过程的完整性	40	
合计		

• 行企直通车

某公司某大区《分拣中心日常管理考核规定》

一、目的

为使本分拣中心作业规范化、标准化，管理统一性，提高分拣作业质量和效率，合理控制和降低作业成本，明确岗位职责和作业环节责任，奖优罚劣，督促作业人员改善作业效率，特制定本规则。

二、适用范围

本地区分拣体系各级分拨中心、中转场。

三、分拣中心日常管理规定

（一）作业现场管理规范

1．作业仪容仪表规范

所有进入作业区域公司员工，必须按公司规定着工装，戴工牌；无工装者须戴工牌（管理者）；两者都无者，作业场地工作人员有权拒绝让其入内。

禁止非公司人员进入作业场地；外部公司访客必须由公司管理人员（主管级以上或主管级以上管理人员授权）陪同且佩戴访客证方可进入作业场地。

所有进入作业场地人员必须执行进出场登记和物品登记制度，并接受现场安保人员管理。

公司员工（含管理人员）进出作业场地必须使用作业场地规定进出口，禁止私自由非规定进出口进出。

所有进出作业场地人员必须接受现场安保人员检查（公司规定免检人员除外）；外宾不适合现场检查的，接待人员承担异常责任。

进入作业区域严禁打赤脚、打赤膊，且不得穿着拖鞋、裸露脚趾或脚跟的鞋子；裤子须过膝盖；特殊作业人员（叉车驾驶员等），必须穿戴安全帽、反光背心等必要的个人防护工具。

禁止员工在工作时间佩戴夸张的耳环、项链、手镯、手链、脚链、各类绳索等影响正常作业的物品；不允许有奇异饰品及装扮。

2．作业场地规范

作业场地（含场地外装车区域）必须保持整洁、干净。

作业场地作业功能区域规划合理，便于实际作业的模块化管理。

作业功能区标识标牌明确，并悬挂到位，一般悬挂在距离地面2.8m，悬挂粘贴标准统一；地面标识使用标识油漆或标识胶带标识明确，便于作业。

标识标牌格式统一；破损标识标牌及时更换。

作业场地存放作业工具的工具箱样式统一，标识明确。

3. 作业设备使用规范

现场作业人员按规定和操作规范使用操作设备，包括装卸设备、工具及其他设施；禁止使用作业设备用于玩耍等与作业无关的行为。

托盘使用、码货及码放保管须按照托盘使用规定，要轻拿轻放，切勿摔托盘；不得使用损坏、破损的托盘。

货物堆叠不可以超过托盘四周的宽度，高度不得超过150cm；具有浓烈气味的包裹分盘堆叠；液体单独码放。

包裹堆叠应遵循重下轻上原则，重量较重的包裹严禁堆叠于较轻或体积较小的包裹上。

货物托盘堆叠时要将单号朝外，并预留走道方便作业，以利后续作业；禁止货物堆放在安全门梯、消防通道上。

货品堆叠要紧靠，使用缠绕绷带等固定装置，避免搬运过程摇晃、倾倒；货品禁止双层托盘堆放。

动力叉车使用须取得驾驶证书方可操作；必须穿戴反光马甲、头盔方可驾驶。

动力叉车作业区域行驶速度最高为10km/h；装载时行驶速度最高为5km/h。

严禁酒后驾驶动力叉车，行驶中不得吸烟、饮食、闲谈、打手机和使用对讲机。

动力叉车要礼让行人先走，并在专用通道行进；不贴着地面拖拽货叉，行进时货叉应离地面15 ~ 20cm。

特定设备（如分拣线）需指定人员负责开关操作，严禁其他人员私自参与开、关机，必须确保在完全安全的情况下开启分拣线，在遇到紧急情况时，距离应急开关处最近人员必须立即按紧急开关切断电源，防止事故发生。

分拣线启动使用前须检查各运转部分、胶带搭扣和承载装置是否正常，防护设备是否齐全；传输带的张紧度须在启动前调整到合适的程度；必须日常检查输送电动机是否绝缘良好，电动机要可靠接地。

分拣线的传送皮带打滑或者运行跑偏时严禁用手去拉动皮带，应停运调整，不得勉强使用，以免磨损边缘和增加负荷。

4. 作业行为规范

禁止携带孩童、宠物或其他与作业无关的物品（如手机等）进入作业区域。

作业区域（作业车厢）禁止烟火：禁止将易燃、易爆品带入作业场地；除在有标示的指定吸烟处允许吸烟外，其余区域全面禁烟。

现场管理人员须带管理人员标识（如袖标、管理人员标牌等）。

作业员工在指定功能模块区域作业；禁止进入非指定区域的特定区域工作场所（含但不限于办公场所、异常件处理区、逆向作业区等）。

严禁在未经当班管理人员允许的情况下，私自离开自己的工作岗位或串岗作业区域。

禁止未经允许私自拿作业场地的任何包裹，包含但不限于现场散落无用货物。

禁止喝酒或醉酒上班。

作业区域必须保持场地清洁、卫生；禁止在中转区域内随地吐痰，乱扔垃圾，作业区域遗留的垃圾收集放置至垃圾桶。

严禁在操作区域内打牌、下棋、玩耍、玩手机及进行其他与中转操作无关的活动。

严禁作业人员无理取闹，打架滋事；禁止在作业现场发生争吵、争执等行为；禁止使用威胁、侮辱、粗言秽语对待同事，散布谣言。

作业人员必须服从现场作业管理人员工作管理；对现场工作安排有异议的，必须先服从工作安全，再按照流程进行反馈，严禁以工作安排不合理为借口进行工作推诿、搪塞等，禁止以此为借口和管理人员发生冲突。

分拣线应空载启动，等运转正常后方可入包裹，禁止先入包裹后启动；应从卸货端开始，顺序起动，待全部正常运转后，方可装入包裹。

包裹上分拣线时，不得有抛、扔、砸等损害分拣线的行为。

分拣线拨货员作业时不得穿拖鞋，不得穿短裤，必须佩戴手套，上衣必须扣紧，上衣下摆要收紧，女士必须盘头作业，禁披长发操作。

拨货员应站在相应卡位，面朝包裹传来方向，跟分拣线成45°夹角站立，双手不得放在皮带的缝隙处。

尽量确保分拣线上的包裹为单排，包裹相互间距离为2～4cm均匀摆放，须保证所有分拣线上的包裹100%运单面向上或向着拨货员。

上货员须根据分拣线速度来控制验货上货流量，防止分拣线设备因负荷过重损坏机器；如因上货过快，造成分拣线流转货物过多，可先放置一边，待分拣线上包裹较少时再上，减少包裹回流。

分拣线回流区域必须放置托盘、笼车等载货工具，禁止货物直接裸放在地上；货物回流区域货物必须及时清理，防止货物在分拣线上破损，外包装破损的包裹须在封补完好后再上分拣线，避免因内寄物为小硬体散落分拣线上在机器转接处卡入转运机器造成故障。

包裹分拣必须通过滑板或滑梯滑下，不得将包裹从分拣线上直接拽、抛掷到地面或分拣格口。

分拣线在正常运转过程中禁止操作员工攀爬、踩踏分拣线；严禁任何时候在分拣线上站立、奔跑、坐、躺及行走等非业务作业行为，避免造成重大工伤事故。

分拣线巡检员在处理异常货物时，不得踩踏分拣线，须使用排堵工具或者使用排堵通道；如必须上线排堵时，必须停线，排堵人员须穿戴防护工具。

作业人员穿越分拣线必须使用跨梯通道；不得随便在分拣线下面穿过，如必须使用分拣线底部区域时，必须在划定的特定区域（特定穿过区域必须做好安全防护措施）穿过。

包裹的中转操作须严格按照作业标准流程进行，不得野蛮操作；装卸搬运装卸时，着装规范，佩戴手套，不准赤脚作业，避免身体受到伤害；距离地面高度2.5m以上的高处作业时，作业人员必须戴安全帽。

作业过程中应该轻拿轻放，禁止踩货、摔货、摔板、坐货、扔货、抛扔等有损坏货物的行为；货件脱手时，一般包裹离摆放货件的接触面之间的距离不能超过30cm、易碎件不能超过10cm，超出此标准则视为扔抛货件（野蛮操作）。

包裹禁止直接摆放在地面上，小件包裹未装进包内之前，需使用周转箱或托盘；装袋包裹须摆放在托盘上，禁止直接摆放在地面上。

货物（包裹、打包袋或中转箱）在区域内搬动时，须使用搬运设备，禁止在地上直接拖拽。

包裹装车或摆放时，必须遵循“先出后进、大不压小、重不压轻、木不压纸，码放整齐、平稳，不能倒置、标签朝外，箭头朝上，易碎及液体件单独固盘码放的原则；贵重物品单独码放或者码放在货物最上层”。

包裹装车时，应按阶梯形码放，禁止垂直码放；超重超大的货物尽量装在车厢最里面；笼车、托盘装车时，须采取固定措施，防止运输损坏；严禁为了提高装载率而将小件货物硬往大件货物里面塞。对于小件货物和大件有空隙的木架类货物分开放置，要防止途中小件货物掉入木架之中。

装卸结束后，作业人员必须检查车厢和场地周围有无其他遗留包裹、货物运单。

在分拣过程发现异常货物，须及时上报现场管理人员按照异常货物处理流程处理，禁止放任自流造成异常扩大或滞留延误。

各级分拨中心应对参加中转单位的制度执行状况进行严格监控，如对封车、准点情况及其他新制度的落实等；在分拨中心环节发现违规操作者，应及时向相关管理人员反馈；中转过程中发现他人操作错误可能造成包裹异常情况的产生，应及时告知分拨中心管理人员，否则将按知情不报处理。

作业完毕后，对场地进行清理，并将自己负责作业格口区域打扫干净，并将自己所用物品按照规定摆放在指定位置，检查自己工作区域是否有包裹滞留。

分拣中心作业人员有责任对参加中转作业的车辆及驾驶员进行监督：各区车辆到达分拨中心后，时速必须限制在5km以内，严禁鸣喇叭；进入分拨中心后须按分拨中心规定及管理人员的指挥排队等候卸货及停靠，严禁出现插队、乱停乱放或其他扰乱分拨中心秩序的行为；停靠后必须关掉发动机，拉紧制动阀，熄灭大灯，关好车门，并停放在指定位置。

作业车辆在到达分拨中心进行卸货前和封车离开分拨中心前，分拨中心指定专人对车辆车门及封车情况进行查看监督，禁止驾驶员私自开启车封。

所有作业车辆到达分拨中心时必须履行分拨中心登记及其他相关手续；分拨中心指定专人对车辆到达时间和离开时间进行登记；分拨中转完毕后，必须由指定专人封车、签字或履行其他中转交接手续，禁止驾驶员封车。

严禁任何可能给公司造成财产损失或危害员工生命安全的违章操作。

严禁通过任何不正当手段或不按公司程序处理违规操作。

（二）日常管理考核处罚条例（表4-5-1）

表4-5-1 日常管理考核处罚标准

序号	详细条例	考核	考核管理
1	a. 未按公司规定着装，戴工牌；b. 违反仪容仪表公司规定	次	扣2分
2	在作业区域和办公区域内打牌、下棋、玩耍、睡觉及进行其他与操作无关的活动；上班玩游戏、聊天，吃零食、浏览与工作无关的网页等，做与工作无关的事	次	扣2分
3	在转运中心内随意吐痰、乱扔垃圾（如饭盒、果皮、饮料瓶等）等破坏现场6S管理行为的	次	扣2分
4	作业流程不完整，导致货物作业信息系统缺失	件	扣2分
5	作业设备现场使用时未执行使用规范	次	扣2分
6	未经现场管理人员允许，私自使用需要专业员工操作的设备（如动力叉车、电动设备开关等），未造成后果	次	扣2分
7	对以下情况监督缺失：a. 对参加中转的所有车辆在到达转运中心时未履行监督登记相关手续； b. 对中转完毕离场的车辆的封车、签字等交接手续缺失	次	扣2分
8	未按照使用规范操作分拣线的分拣设备的，如踩踏、躺卧、行走等行为	次	扣5分
9	作业器具、物料等设备使用完毕后，未按照放置要求进行归置6S管理	次	扣5分
10	员工未向单位负责人申请而缺席、迟到、早退、无故不参加培训会议次数过多的（超过两次/月）	次	扣5分
11	班前例会未到，一周内1次通报，2次警告，累计3次	次	扣5分
12	请假不按照流程，或者没有得到批准，无故缺席，按照旷工处理	次	扣5分
13	违反外访客访问规定	次	扣5分
14	违反作业场地进出安全检查条例	次	扣5分
15	用公司电话打私人电话，话费自费	次	扣5分
16	未经管理人员允许，私自随意挪动或私用操作设备（随意使用电源，损坏电线，私拉电线等），存在安全隐患	次	扣5分
17	其他有可能给公司财产造成损失或员工生命安全带来隐患的违规操作，但未产生后果	次	扣5分
18	知情不报，中转过程中发现他人操作错误可能造成快件异常情况的产生未及时告知转运中心现场管理人员	次	扣5分
19	未及时制止及解决车队扰乱转运中心秩序的情况：a. 不排队等候卸货及停靠；b. 乱停乱放；c. 不服从现场临时调度	次	扣5分
20	管理人员对相关管理制度规定执行不力	次	扣5分

续表

序号	详细条例	考核	考核管理
21	对于转运中心异常货物未按照异常流程处理，导致货物损失	次	扣5分
22	车辆运行未按规定执行导致异常的，未主动跟踪异常，造成货物延误	次	扣5分
23	操作设备出现异常情况，不能使用，相关责任人未立即上报当班负责人	次	扣5分
24	公司管理人员电话无法接通（5分钟内未回复的）、无故关机和停机，联系不上的（必须24小时开机）	次	扣5分
25	分拣员未按照货物正确路径分拣、集笼，发货操作错误，造成货物时效延误的	单	扣5分
26	车标、笼标、箱号书写错误或使用混乱的	次	扣5分
27	部门负责人未按照规定时间上报各项运营数据	次	扣5分
28	货物不按照规定区域码放，不遵循托盘码放要求，如标签不朝外、货物倒置等	次	扣5分
29	货物装车野蛮作业，码放混乱，未按照货物装车码放标准作业，但未造成货物破损	次	扣5分
30	作业区域内货物存放、搬运作业违反作业功能区作业规范	次	扣5分
31	问题件处理员未及时处理异常问题件，导致货物异常产生损失	次	扣5分
32	打印标签不贴/乱打标签/手写更改标签（特殊情况须征得现场管理人员的同意）	次	扣5分
33	作业设备、物资使用违反使用保管规范	次	扣5分
34	每日清场后，作业场地杂乱，货物遗留导致时效延误	次	扣5分
35	快件的中转操作未按照转运中心作业标准，进行扔、抛、摔、坐、踩、踢、压等野蛮操作行为及乱摆乱放货件；a. 货物脱手时，一般货件到摆放货件的接触面之间的距离不能超过30cm、易碎件不能超过10cm，超出此标准则视为扔抛货件；b. 快件摆放时，必须遵循“大不压小、重不压轻、标签朝外、箭头朝上、分类整齐摆放，易碎件单独存放”的原则	次	扣5分
36	货物装车未按照货物装车码放标准作业，野蛮码放，造成货物破损的，承担货物破损的损失并扣分	次	扣10分
37	a. 未按规定和要求使用转运中心的装卸设备和工具；b. 进行有可能损坏转运中心设备和工具的行为；c. 损坏转运中心的装卸设备、工具及其他设施设备	次	扣10分
38	不服从现场管理人员的指挥及调度	次	扣10分
39	对参加中转单位的制度执行状况未进行严格监控，未及时向上级单位反馈导致产生严重后果	次	扣10分
40	在转运中心无理取闹、打架滋事、煽动员工闹事（后果轻微者）	次	扣10分

续表

序号	详细条例	考核	考核管理
41	对于已按照正常程序进行了处理的异常件，拒绝接收等后续处理，造成挂单、遗失、延误等	次	扣10分
42	在中转过程中发现他区快件、本区的破损件或错分件等异常情况时：a. 未第一时间通知相关负责人进行处理；b. 直接交接给他区；c. 采取不合规定的方式进行处理	次	扣10分
43	现场管理人员及现场调度长时间不在操作现场；工作期间脱岗，影响工作且联系不到，给公司造成重大损失的追究其责任，一天累计2次按旷工一天处理	次	扣10分
44	不服从现场管理人员的指挥及调度，扰乱中转分拨场秩序（a. 不排队等候卸货及停靠；b. 乱停乱放）	次	扣10分
45	清场后，车辆未在规定时间内发车（特殊情况及已报备除外），未及时跟踪解决，导致发车延误	次	扣10分
46	知情不报，中转过程中出现错分货、破损货等异常情况时，或发现他人操作错误可能造成货物异常情况产生时，未及时通知相应的质控员或中转分拨场管理人员，自行采取不合规定的方式进行处理，其他未按照公司规定流程操作，导致中转配送出现异常情况	次	扣10分
47	员工矛盾或投诉，未及时合理地解决，而推诿总部职能部门解决	次	扣10分
48	对所安排工作有异议，未按时完成工作且未及时反馈的，造成工作延误	次	扣10分
49	正常可以装载但是人为原因导致空仓或货物爆仓，导致货物延误	次	扣10分
50	在转运中心操作场地内抽烟；或将易燃、易爆物品带入转运中心操作场地，未造成后果的	次	扣除当月绩效，造成严重后果的作辞退处理
51	喝酒上班或酒后驾驶	次	扣除当月绩效，造成严重后果的作辞退处理
52	私自涂改、修改包裹客户信息的，导致公司利益损失的，承担全部损失	次	扣除当月绩效，造成严重后果的作辞退处理
53	私自开拆客户货物包装的；发现有违禁品或有违禁品嫌疑的快件，未按照流程上报，非指定处理人自行拆看检查	次	扣除当月绩效
54	不配合质控部门对问题货的取证，以各种理由敷衍隐瞒，影响问题货界定责任	次	扣除当月绩效
55	员工内盗、私自倒卖公司财物	次	扣除当月绩效，赔偿公司经济损失，辞退并交付司法机关追究法律责任
56	a. 工作中出现过失，为逃避责任而伪造与事实不符的记录；b. 串通相关人员隐瞒事实真相；c. 为隐瞒个人操作失误，未按正常程序申报，私自解决问题，并造成事态扩大，给公司造成重大损失；d. 伪造出勤记录，未出勤或迟到，让别人代刷卡，代刷卡人负同等责任	次	扣除当月绩效，赔偿公司经济损失，辞退

续表

序号	详细条例	考核	考核管理
57	在操作区域、宿舍、办公室等公司区域内聚众或者参与赌博	次	扣除当月绩效，辞退
58	称重漏扫，收入漏重，造假逃费捞钱，利用职务之便谋利者，直接解雇	次	扣除当月绩效，赔偿公司经济损失，辞退并交付司法机关追究法律责任
59	通过任何不正当手段或不按投诉程序解决违规情况	次	扣除当月绩效，辞退
60	员工之间发生矛盾，未向当班管理人员反映，私自解决，造成事态扩大；员工之间发生打架斗殴的，先动手者罚款1000元，事态严重者，直接解雇	次	扣除当月绩效，辞退，情节严重者交付司法机关追究法律责任
61	事实清楚、证据确凿、程序严谨、手续完备、处理结果客观公正的违规事件，当事人拒不服从处分决定，经耐心说服教育，仍无理纠缠，屡劝不改；煽动、聚众闹事	次	扣除当月绩效，辞退，情节严重者交付司法机关追究法律责任
62	破坏团队稳定，依据情节及所造成的客观影响，经调查属实的：a. 无中生有，捏造事实，诋毁他人，恶意举报的；b. 恶意串通，篡改经过，出具伪证，报复他人的；c. 人为制造事端，设陷阱，故意陷害他人的；d. 拉帮结派，挑起争端，制造不稳定因素	次	扣除当月绩效，辞退，情节严重者交付司法机关追究法律责任
63	作业现场违规作业，致使公司遭受重大损失	次	扣除当月绩效，赔偿公司经济损失，情节严重者辞退
64	违反公司诚信条的	次	扣除当月绩效，辞退，情节严重者交付司法机关追究法律责任

补充阅读

由中国仓储与配送协会等企事业单位组织起草的国家标准《仓储绩效指标体系》（GB/T 30331—2021），已由中国国家标准化管理委员会批准公布，并于2022年7月1日起实施。该标准给出了仓储作业绩效指标体系和指标计算方法，主要适用于仓储作业的绩效管理，感兴趣的同学可自行查阅。

项目测试

一、单项选择题

1．下列选项中不属于补货作业评价指标的是（　　）。

A．补货数量误差率　　B．补货品合格率

C．补货时间延迟率　　D．订单满足率

2．货物的吞吐量属于（　　）。

A．质量指标　　B．效益指标

C．效率指标　　D．经济性指标

3．货物的损耗率属于（ ）。

A．质量指标　B．效益指标

C．效率指标　D．经济性指标

4．变动成本属于（ ）的构成之一。

A．固定成本　B．仓储运作成本

C．仓储存货成本　D．订货成本

5．仓储绩效分析可以根据内容、范围、时间、资料来源等分为多种形式，其中事前分析、事中分析、事后分析的分类，依据的是（ ）。

A．仓储绩效分析的内容和范围　B．仓储绩效分析的时间

C．仓储绩效分析的层次　D．仓储绩效分析的人员

二、多项选择题

1．下列指标属于仓储部门经济技术指标的是（ ）。

A．储存数量　B．储存质量

C．储存效率　D．经济性与安全性

2．建立仓储与配送管理指标体系的原则主要包括（ ）。

A．科学性和实用性　B．标准化

C．综合性　D．可比性

3．货物的效率指标主要包含（ ）。

A．仓库与配送中心利用率　B．仓库与配送中心生产效率

C．资金使用效率　D．货物周转速度

4．仓储存货成本主要包括（ ）。

A．订货成本　B．资金占用成本　C．存货风险成本　D．缺货成本

5．如果发生外部缺货，将导致以下情况的发生（ ）。

A．延迟交货　B．失销　C．失去客户　D．合同终止

6．配送成本的构成主要包括（ ）。

A．配送运输费用　B．拣选费用　C．配装费用　D．流通加工费用

7．降低配送成本的策略主要有（ ）。

A．混合策略　B．差异化策略　C．合并策略　D．延迟策略

E．标准化策略

三、判断题

1．设备的完好率属于货物的质量指标。（ ）

2．配送差错率主要是反映配送的准确程度和服务质量的。（ ）

3．仓储运作成本中的固定成本主要包括水费、电费、设备维修费等。（ ）

4．不合理的货物储位规划和堆放方式会影响到单位面积储存量。（ ）

5．订货成本有订货的固定成本和变动成本之分，差旅费等属于变动成本。（ ）

参考文献

[1] 刘北林，刘莉．商场超市仓储管理［M］．北京：化学工业出版社，2008.

[2] 霍红，刘莉．物流仓储管理［M］．北京：化学工业出版社，2009.

[3] 梁军，李志勇．仓储管理实务［M］．3版．北京：高等教育出版社，2014.

[4] 柳荣．智能仓储物流、配送精细化管理实务［M］．北京：人民邮电出版社，2020.

[5] 孙宗虎．物流仓储配送管理流程设计与工作标准［M］．北京：人民邮电出版社，2020.

[6] 赵佳妮，朱卫平，李智忠．仓储配送管理［M］．北京：国防工业出版社，2015.

[7] 霍红，徐玲玲．仓储与配送实务习题与解答［M］．北京：中国财富出版社，2013.

[8] 张志栋．仓储管理［M］．天津：天津大学出版社，2021.

[9] 范珍，管亚风．智能仓储与配送［M］．北京：电子工业出版社，2021.

[10] 张扬，国云星．仓储与配送管理实务［M］．北京：中国人民大学出版社，2018.

[11] 薛威．仓储作业管理［M］．北京：高等教育出版社，2018.

[12] 王桂姣．仓储与配送实务课程训练［M］．北京：中国财政经济出版社，2019.

[13] 杨文芳，梁乃锋．物流仓储实训教程［M］．广州：广东经济出版社，2019.

[14] 王效俐，辛旭，等．物流运输与配送管理［M］．2版．北京：清华大学出版社，2021.

[15] 孙宏英．仓储与配送管理：理论、实务、案例、实训［M］．大连：东北财经大学出版社，2021.

[16] 孙宗虎．物流仓储配送管理流程设计与工作标准［M］．北京：人民邮电出版社，2020.

[17] 田侠，陈先五，张潇羽．仓储与配送管理［M］．大连：大连理工大学出版社，2019.

[18] 邱灿华，蔡三发．配送中心运营管理［M］．北京：高等教育出版社，2019.

[19] 张洪革，刘文博，王铎．仓储与配送管理［M］．北京：北京师范大学出版社，2018.

[20] 卢桂芬，王海兰．仓储与配送实务［M］．北京：中国人民大学出版社，2018.